高职高专金融类"十四五"规划系列教材

金融服务营销

JINRONG FUWU YINGXIAO

主编　朱莉妍

中国金融出版社

责任编辑：王　君
责任校对：孙　蕊
责任印制：王效端

图书在版编目（CIP）数据

金融服务营销／朱莉妍主编．-- 北京：中国金融出版社，2024.9. --（高职高专金融类"十四五"规划系列教材）．-- ISBN 978 - 7 - 5220 - 2479 - 0

Ⅰ. F830.9

中国国家版本馆 CIP 数据核字第 2024C97C13 号

金融服务营销

JINRONG FUWU YINGXIAO

出版
发行　中国金融出版社

社址　北京市丰台区益泽路 2 号
市场开发部　（010）66024766，63805472，63439533（传真）
网 上 书 店　www.cfph.cn
　　　　　　（010）66024766，63372837（传真）
读者服务部　（010）66070833，62568380
邮编　100071
经销　新华书店
印刷　河北松源印刷有限公司
尺寸　185 毫米 ×260 毫米
印张　10
字数　215 千
版次　2024 年 9 月第 1 版
印次　2024 年 9 月第 1 次印刷
定价　39.00 元
ISBN 978 - 7 - 5220 - 2479 - 0
如出现印装错误本社负责调换　联系电话（010）63263947

前言

在当今的全球经济环境中，金融服务营销已经成为金融机构取得竞争优势和实现业务增长的关键因素。党的二十大报告指出，"我们要实现好、维护好、发展好最广大人民根本利益""采取更多惠民生、暖民心举措""不断实现人民对美好生活的向往"，这为未来金融服务工作的开展指明了方向。金融机构从业人员要始终不渝地坚持"金融报国，金融为民"的理念，主动服务国家战略，支持实体经济发展，坚持以客户为中心，更好地满足人民群众的金融服务需求。随着金融营销理论与技术的发展及客户需求的多样化，金融服务营销的策略和技巧也在不断演变。因此，本教材旨在为读者提供全面、实用的金融服务营销知识和技能，旨在帮助读者更好地理解和应用金融服务营销策略，提高金融机构营销从业人员的核心竞争力。

在内容方面，本教材首先介绍了金融服务的概念、主要特点，以及金融服务营销的概念、特点和策略。在此基础上，本教材深入探讨了客户经理制度，包括客户经理的定义、基本素养及营销礼仪规范。为了更好地进行金融服务营销，本教材提供了金融服务营销策划、环境分析、目标市场营销、产品及品牌、定价、分销渠道、促销和客户关系管理等全方位的指导。

本教材适用于金融学、市场营销学专业的学生和从业人员，以及对金融服务营销感兴趣的读者。通过学习本教材，读者可以掌握金融服务营销的基本原理和方法，提高自己的营销能力，为未来的职业发展打下坚实的基础。

浙江金融职业学院的朱莉妍老师负责统筹教材编写工作，编写项目一、项目二、项目七、项目八，并对全书进行统稿。孙颖老师编写项目三、项目四。李宏伟老师编写项目五、项目六。应诚炜老师编写项目九、项目十。此外，在本教材编写过程中还得到了金融业内专家等的帮助和支持，在此一并表示衷心感谢！

最后，希望本教材能够对读者有所启发和帮助；同时也欢迎读者提出宝贵的意见和建议，我们将不断改进和完善后续的版本。

编者
2024 年 7 月

目　录

第一章　金融服务营销导论

在现代经济中，金融占据了极其重要的位置。当前，金融业处于激烈竞争的态势，从不同的角度关注金融服务营销领域，设计合适的营销方式是金融机构可持续发展的动力。与一般服务企业不同，金融服务有自己独有的特征。如何结合金融服务的特点，针对客户的需求，为客户提供高质量、高效率的金融服务是金融机构努力的方向。

第一节　金融服务的概念

 ［案例引入］

一个周三的下午，客户李阿姨因刷卡积分换礼品问题，与银行柜员发生争执，无论柜员如何解释，情绪激动的李阿姨就是不听，在营业厅大声诉说自己的不满。

李阿姨："你们这家银行就会骗人，积 10000 分才可换个杯子。"

柜员："阿姨，我们没有骗您。"

李阿姨："你这丫头就会骗人，你们大家来评评理，都不要把钱存在这里。"

这时，营业厅人员都被李阿姨的大声指责吓得不敢说话，低头处理手中的业务。李阿姨见没有人理会她，更加火冒三丈。前来办业务的客户对营业厅的秩序非常不满。这时主管走了过来。

主管："阿姨，您好！我是营业厅主管，这件事一定是有些误会，有我们没解释好的地方，我来帮您处理这事好吗？"

李阿姨："你是主管，我正好找你来评理。"

主管："好的，我一定帮助阿姨解决，阿姨我陪您到会客室慢慢聊，给您倒杯茶。"

资料来源：任璐璐. 客户服务案例与技巧［M］. 北京：清华大学出版社，2005.

［案例讨论］

1. 主管态度温和，并在公众场合解释一定有误会，之后把客户引领至会客室的原因是什么？

2. 客户表示不满、情绪激动时，需要的是聆听还是解释？

3. 即便我方有理，我们对客户是得理不饶人还是仍要感谢客户的挑剔？

金融服务是金融机构运用货币交易手段融通有价物品，向金融活动参与者和客户提供的使双方共同受益、获取满足的活动。金融服务的提供者除了银行、保险公司外，还包括各类信托机构、证券公司等。从本质上讲，金融机构向客户提供的所有产品都是服务，包括能为客户解决金融需求的服务手段、服务工具和服务方案。

近年来，随着生产和市场的社会化与国际化程度不断提高，金融机构的业务和体制机制也发生了深刻而巨大的变革，金融业被银行、证券、保险、信托、咨询等传统行业划分的局面正在改变，呈现出多样化的趋势。与传统金融业分业经营的格局相比，现在的金融机构已经很难根据业务明确分类。一般情况下，金融机构主要提供以下六类服务。

1. 存取现金；
2. 资金安全性服务，如保管箱、中远期结售汇等货币存取业务；
3. 货币转移服务，如结算、支付、薪水代发等业务；
4. 授信、延期支付服务，如贷款、承兑、担保等业务；
5. 金融顾问、代客理财服务；
6. 投资、证券、保险业务。

另外，金融服务有着极为广泛的内涵。客户眼中的金融服务除了有形要素，如服务网点的便捷性、门面的档次感、门面空间大小、门面中的服务信息、前台监控设施的完备性、辅助设备的运行稳定性等，还包括无形要素，如前台的服务效率、态度和规范、咨询问题时得到答案的及时性与准确性、交易前后的服务、金融机构管理者在公众场合的形象等。

第二节 金融服务的主要特点

自 20 世纪 70 年代以来，西方市场营销学者从产品特征的角度来探讨服务的本质，从而便于将服务和有形产品区分开来。无形性、不可分离性、异质性和不可储存性是公认的金融服务四个最基本的特性。金融服务的四个特性可以为金融服务营销提供启示。有形产品与金融服务的区别见表 1-1。

表 1-1　　　　　　　　　　有形产品与金融服务的区别

有形产品	金融服务	相应的营销含义
有形性	无形性	（1）金融服务不可存储； （2）金融服务不容易进行展示或沟通； （3）金融服务难以定价； （4）金融服务质量不容易评估。
生产与消费分离	不可分离性	（1）客户参与并影响交易结果； （2）客户之间相互影响； （3）金融从业人员影响服务结果； （4）分权可能是必要的； （5）难以进行大规模生产。
标准化	异质性	（1）金融服务的提供与客户的满意度取决于许多不可控因素； （2）无法确实知道提供的金融服务是否与计划或宣传相符； （3）难以提供质量一致的同种金融服务。
可储存	不可储存性	（1）金融服务的工艺供应和需求难以同步进行； （2）金融服务不能退货或转售。

　　在这四个特性中，无形性被广泛认为是金融服务的最基本特性，其他特性则是从金融服务的无形性衍生而出的。正是金融服务的无形性，才使得金融服务必须具有流程，生产与消费不可分离。而异质性和不可储存性在很大程度上是由金融服务的无形性和不可分离性决定的。

一、无形性

　　无形性是指金融服务在购买之前是看不见、摸不着的，没有具体的量化指标可供评价参考。金融服务的这种无形性或不可感知性是金融服务与有形产品最根本的不同点。同时，金融服务的利益也难以察觉，或者在一段时间后，客户才能感觉到利益的存在。因为金融服务不可感知的特点，若客户无法对金融服务理性地理解，进行购买决策时就会遇到困难和障碍。

二、不可分离性

　　不可分离性又称流程性，即生产与消费同时进行，是金融服务的又一本质特征。一般而言，产品首先进行生产，然后是销售和消费。在从生产、销售到最终消费，往往要经过一系列中间环节，有形产品的生产与消费常常具有一定的时间间隔。

　　而金融服务则与有形产品不同，大部分金融服务是先进行销售，然后同时进行生产和消费。也就是说，在金融服务中，客户经理为客户提供服务时，也正是客户消费服务的时候，二者在时间上不可分离。由于金融服务本身不是一个具体的产品，而是一系列活动或者说是流程，因此在金融服务流程中，客户和金融机构或客户经理之间必须直接发生联系，从而生产的流程也就是消费的流程。金融服务的这种特性表明，客户只有而且必须加入金融服务的生产流程中，才能最终消费金融服务。客户不仅是金融服务的消费者，而且是金融服务的协作生产人。因此，客户作为金融服务的参与者及金融服务过程中的投入要素，其所提供的信息、行为以及表现等，对金融服务结果有明显的影响。

三、异质性

　　异质性是指金融服务的构成因素和服务质量水平经常变化。服务行业均是以人为中心的产业，个性的存在使得服务很难采用同一种标准。金融服务是一系列活动的整合流程，其在生产和消费过程中的不可分离性，使得涉及其中的客户经理、金融机构其余工作人员以及金融机构环境等任何一个要素发生了变化都会对金融服务流程和结果产生影响。所以，金融机构每次提供的服务可能都会有所不同，无论是两个不同的金融机构所提供的同种金融服务，还是同一金融机构、同一客户经理在不同时间内提供的金融服务，即使提供的服务内容完全相同，不同客户对其评价结果也会存在差异。

四、不可储存性

不可储存性是指金融服务在时间和空间上是不能储存备用或者留用的，效益生产随时间消逝，不能储存。如果生产或制造出来的金融服务没有被及时地消费，就只有浪费掉。

金融服务的不可储存性特点描述了金融服务同时生产和消费的本质。不可储存性对于金融服务提供者来说，就是无法建立和维持库存。因此，在需求有变动时，不能像有形产品一样供应。因此，金融服务提供者的一个重要任务就是尽量让客户的金融需求水平与其提供服务的能力相符。金融服务的特性对金融服务营销的影响见表1-2。

表1-2　　　　金融服务的特性对金融服务营销的影响

金融服务的特性	引发的营销挑战	对营销的有利影响
无形性	(1) 缺乏搜寻特征，客户难以选择； (2) 金融服务不易展示，沟通困难； (3) 服务无法受到专利保护； (4) 金融服务难以存储； (5) 金融服务难以定价。	(1) 可以感知到金融服务价值，进而促进客户体验； (2) 客户经理现场展示金融服务的知识和操作流程，帮助客户更好地理解和使用金融服务。
不可分离性	(1) 客户排队难以避免； (2) 客户感知质量有多个服务接触点，加剧管理难度； (3) 客户之间相互影响； (4) 难以大规模批量生产； (5) 客户参与，增加金融服务难度和降低效率； (6) 金融服务失误不易被掩盖，直接暴露。	(1) 金融服务人员与客户接触，培养关系； (2) 直接了解客户需求，改进金融服务。
异质性	(1) 难以统一控制金融服务质量； (2) 金融服务不易标准化和规范化； (3) 金融服务没有评判标准。	(1) 提供差异化和个性化服务； (2) 一线金融工作者自主性和积极性较高。
不可储存性	(1) 资源浪费； (2) 金融服务不能退货或转售； (3) 金融服务的供应和需求难以同步进行。	(1) 金融服务不会腐烂变质，减少售后隐患； (2) 金融服务不能退换，减少损失； (3) 驱动金融机构不断提高效率和合理利用资源。

 [想一想]

某金融机构客户经理通过为高净值客户提供高质量的金融服务，在短时间内非常成功。随着这位客户经理的良好口碑散布到其他潜在客户耳中，客户对其所提供金融服务的需求迅速增长。请同学们结合金融服务的四个特性发散思考一下，当这个客户经理为越来越多的新客户服务时，可能出现怎样的结果？

第三节　金融服务营销的概念与特点

一、金融服务营销的概念

从营销学的角度而言，服务营销是市场营销理论的延展和细化，它是从服务、服务产品和服务产业的层面上讨论营销的基本问题，金融服务营销则关注金融作为服务行业的营销问题，是一门理论性和实践性很强的综合学科。

金融服务营销指金融机构以金融市场为导向，运用整体营销手段向客户提供金融产品和服务，在满足客户需要和欲望的过程中，实现金融机构利益目标的社会行为过程。

二、金融服务营销的特点

从金融服务的特点分析，我们可以总结出金融服务营销的特点。

1. 宏观环境比较严格。金融业是经营资金并从资金流动中获益的行业，金融业依靠信用生存，金融产品与其他普通企业商品最大的不同就是其增值性。一般普通企业商品的购买和使用过程是让渡价值获取使用价值的过程，使用价值随时间而消耗殆尽。金融业是风险经营行业，风险与收益成正比。客户购买金融产品的目的是保值、增值，随着时间的推移，由于风险的存在，金融产品的价值会发生不确定变动。为了保障资金安全，国家对金融业进行严格的监管。金融机构的营销活动也因此受到宏观经济政策、金融业务制度以及金融监管等的限制。

2. 同质化程度高。金融产品不可能随时进行创新，所以金融产品同质化程度很高。各家银行、保险、证券公司所经营的金融产品的功能基本一样，对于金融机构而言，金融创新更多地表现为服务创新。因为金融产品的无形性，几乎所有的金融服务表现出来的都是一种制度安排和流程，金融服务一般不存在专利保护的问题，一旦一家金融机构推出一种服务，同行很容易模仿。

3. 建立信任是基石。受委托责任是指金融机构管理客户资金的隐含责任，以及为客户提供的金融咨询的本质。在金融服务营销过程中，客户本质上购买的是一种承诺：金融机构负责妥善保管和处理客户的资金，并针对他们的资金需求提供金融服务。这需要客户与金融机构之间建立起信任，客户需要相信金融机构给出的承诺。但是，在与金融机构建立信任的过程中，客户要投入很多精力、承担很多风险。

4. 客户信息数据量大。金融服务不是一次性买卖，而是长时间内一系列的双向交易，包括对账、处理账务、拜访分支机构以及使用金融机具、网络银行、电话银行等。这种交互方式使得金融机构能够收集到关于客户账户余额、账户使用、储蓄和贷款行为、信用卡购物、储蓄频率等有价值的信息。

第四节　金融服务的营销策略

 ［案例引入］

银行营销方式主打科技牌

北京银行推出自身研发的首个客户营销移动终端以后，银行工作人员将用平板电脑为客户进行风险测评、介绍在售产品。该移动终端供北京银行的大堂经理及理财经理在营业厅为客户提供相关产品与服务的介绍及查询，将为客户带来全新的移动服务体验。

该营销移动终端有产品营销、理财规划、资讯信息与优惠活动四大板块。产品营销板块以直观精美、图文并茂的形式为客户介绍了各项理财产品，为客户了解北京银行产品提供了新的渠道；理财规划板块提供了风险问卷、理财规划及辅助工具三项功能，具有个性化的服务设置，客户可通过亲自操作平板电脑移动终端设备进行风险偏好测评，客户经理可现场依据测评结果向客户推荐适合其风险偏好的理财产品、制订个人专属理财规划；资讯信息板块涵盖了实时更新的财经资讯信息、行情分析、对比调查，为客户的理财决策提供依据；优惠活动板块将北京银行最新优惠活动第一时间告知客户。

 ［案例讨论］

北京银行以客户为中心推出了客户营销移动终端，这项切实举措体现了金融服务的哪些特点？

一、金融服务无形性的营销策略

金融服务的无形性使人们对其质量的评价变得非常困难，客户常常会通过主观感知来评价金融服务。一方面，每个客户会产生怎样的感知，客户经理无法准确了解；另一方面，金融机构或是客户经理提供的服务质量到底如何，客户也无法预先获知。因此，如何针对金融服务无形性设计相应的营销策略，是金融服务营销管理者和客户经理要考虑的重要内容。

1. 提供有形展示。无形性使得金融服务的差异化难以被客户感知，客户也需要使用有形线索来选购和评价金融服务。所以金融机构可以考虑借助一些有形依据来展示无形的金融服务，如发放金融机构或金融产品宣传单、金融服务模拟和提供规范的流程说明等。

2. 强化老客户宣传。金融服务属于较难被提前感知的产品，客户对它们的特质很难评估，即使在消费和使用之后，客户也无法根据消费经验感受这种产品带来的利益，而只能相信金融机构或客户经理的介绍和承诺。因为客户缺少评价服务的客观手段，他们经常以朋友、家庭成员和其他各种意见所传达的主观的评价作为线索来选购和评价金融服务。

3. 强调服务理念。无形性导致客户在购买金融服务时所感受到的风险通常比购买有形产品大得多。这就需要金融机构从客户的感性心理需求切入，不断传达自己的服务理念，吸引客户接受服务的利益点，如招商银行的"因你而变"，工商银行的"您身边的银行"，就体现出处处为客户着想的理念。

二、金融服务不可分离性的营销策略

金融服务不可分离性在很大程度上决定了用金融服务质量和客户满意度等指标来反映的金融服务结果。只要客户与金融机构发生接触，任何细节都可能会给客户留下印象，所以这些接触与互动直接影响了金融服务评价。

1. 加强对金融服务的系统管理。由于金融服务的生产与消费不可分离，金融机构想要管理好服务流程，需要对金融服务流程进行系统管理。一方面，应加强对金融服务的实时监控能力。金融机构可以通过对服务流程制定标准化规范来减少客户经理及相关金融从业人员潜在的服务失误。另一方面，金融机构还需重视对一线客户经理的选择和培训。客户经理是客户服务感受的重要组成部分，只有快乐的、受到高度激励的客户经理才能为每一个与他接触的客户创造出更愉快的服务感受。

2. 加强对客户的沟通和管理。金融机构需要加强对客户的辅导，多与客户沟通，增加对客户服务的投入，如在自助机、网上银行和手机银行等提供满足客户个性化需求的自助服务。由于知识、文化和技术上的差异，一些中老年人不会使用自助机、网上银行或手机银行，一笔简单的业务都需要到柜台排队，一旦等待时间略长，他们就会产生不满的情绪。如果金融机构能给他们提供一些辅导或培训，教会他们使用这些工具，不仅能够带给他们良好的感受，还可节约机构资源。

3. 鼓励积极的客户参与。客户在金融机构创新中扮演着十分重要的角色。由于金融服务是过程化的、被客户体验的，金融机构难以通过集中化来获取显著的规模经济效益，可以考虑让客户参与到服务的设计、生产、交付、维护以及信息共享等活动中去，从广泛而深入的客户参与中获取收益。如金融机构想要推出一项新的金融产品，应以客户的需求为核心出发点，客户的意见是产品设计思路的来源。同时，在产品推出后，金融机构也要加强和客户的沟通与交流，使产品能够被更多的客户使用和传播。

 ［扩展链接］

以"互联网＋大健康"为核心理念，为客户打造独一无二的线下极致体验

智能机器人对话、电子沙盘展示、虚拟现实技术（VR）极致体验……2018年5月11日，坐落于青岛金融街的全国首家泰康新生活体验中心揭开神秘面纱。

泰康新生活体验中心是专门为广大客户打造的线下极致体验空间。以"互联网＋大健康"为主题，从泰康人寿全景介绍到大健康战略解读，通过多种互动体验，配合泰康解说员极富新意的专业讲解，打破传统体验式营销的跨区限制，让客户身临其境体验到泰康"新生活"。

医养展厅内，以超长展墙、超大显示屏、平板电脑、VR、电子与实体沙盘等多种形

式，全面表现了综合性连续护理退休社区持续照护的四个业态，体现了泰康养老社区温馨的家、开放的大学、优雅的社交会所、高端医疗保健中心和自主的精神家园的服务定位。

资料来源：韩洋. 泰康人寿首家新生活体验中心全新亮相［EB/OL］.［2018-05-24］. http：//hunan. sina. com. cn/finance/2018-05-24/detail-ihaysvix9664742. shtml.

三、金融服务异质性的营销策略

金融服务的异质性使金融服务管理和控制变得更加困难。客户容易对金融机构及其提供的服务产生混淆。即使是同一家金融机构，其分支机构提供的金融服务可能也不同。对此，金融机构可以通过服务流程的标准化、定制化来为客户提供满足其需求的服务。

（一）采用标准化的服务流程

从客户接触金融机构或客户经理开始，每个客户就在潜意识里对获得的金融服务做出评价。这些评价将成为日后客户是否继续接受该金融机构服务、是否将良好体验进行传播的基础。对于金融机构来说，提升服务流程的标准化程度可降低服务质量的不确定性。

金融服务营销以客户经理与客户面对面沟通为主，客户经理与客户之间存在大量互动，客户经理是影响客户感知和评价的重要因素。客户经理的服饰、仪表、统一用语、态度及其与客户的沟通方式都会影响客户的感受。因此，挑选优秀的客户经理尤为重要。

（二）采用定制化的服务流程

从客户的角度看，金融服务质量出现变化和不稳定性的可能较大，即使金融产品的营销和交付能够实现标准化，最终的结果也会因为金融机构控制范围之外的因素而变得不确定。如两位客户在同一个投资项目上投资同样的资金并持有同样的期限，但是因为他们开始投资的时间不一样，则可能受到不同经济环境的影响，每个客户得到的回报也不一样。得到较多回报的客户也许对投资服务的质量比较满意，而得到较少回报的客户也许会觉得投资质量很差。这就会对其将来的购买行为产生影响。

从上述例子可见众口难调，金融机构要想增强客户关系、提高客户忠诚度，需要加强对定制化金融服务的关注，让客户体验到自己所享受的服务的特别之处。通过将客户群体细化，针对不同客户的需求、风险偏好设计不同的金融服务营销方式。

四、金融服务不可储存性的营销策略

金融服务不能储存，而且需求难以准确预测，所以对金融机构的计划服务能力和客户需求挖掘能力提出了更高的要求。

金融服务的不可储存性和客户对服务满意度的非线性需要金融机构加强营销管理体制的柔性和创新，包括对设备和场地的调整，客户经理的灵活增减，辅助营销手段的创新等。如在银行业，可以通过应用自动提款机（ATM）等电子工具来减少客户经理与客户个人的接触，节约交易时间，并在银行内为客户提供更为灵活的金融服务。

 ［案例分析］

你不干了我去找谁

客户有时担心客户经理的更换影响对自己的金融服务，以下就是客户与客户经理的一段对话，看看客户经理如何化解客户的顾虑。

客户：许多客户经理干着干着就不干了，要是你也不干了，我去找谁？

客户经理：您的担心不是没有道理，行业中的确有一些客户经理干了一段时间以后离开了，这会对当时经过他购入保险的客户产生一定影响。不过您也不要过于担心。

客户：我怎么能不担心呢？

客户经理：如果仅仅是因为怕客户经理有一天不干了而误了保险的大事，不是很划不来吗？况且，即便不中途离开，任何一个从业者也会有退休的时候，您说是不是？

客户：保险是你推销给我的，到时候我找你最省事。可是如果有一天你不干了，我去找谁呀？

客户经理：您是否还记得帮您办理过存款业务的那位银行柜员的名字？

客户：我不记得了，但我有银行存单啊。

客户经理：您投保后手中的保单就如同银行的存单一样，只要保存好交费凭证就不会有什么问题。保险公司有常设的售后服务机构和专门的售后服务专员，他们会为您提供所需要的服务。保险客户经理的销售活动只是一种代理行为，他们是保险公司的代理人，最终您是与保险公司打交道。

客户：有一位好的代理人为投保客户服务不是更好、更方便吗？

客户经理：是这个道理！所以，目前保险公司都特别重视客户经理的素质教育，千方百计提高客户经理的专业水平和职业素质，保险监督管理部门和行业协会也加大了对保险客户经理的监管力度。与此同时，各家保险公司都在提高客户经理的福利待遇，帮助客户经理建立长远职业生涯规划，还提高了人员招募的门槛，这一系列措施都促进了营销人员的素质提高，更加坚定了他们的从业信心，也大大降低了客户经理中途离开的可能性，请您相信这个行业自身的成长性和进步性。

客户：嗯，客户经理都像你这样我就放心了，不过，我还是希望能有一位高水平、高素质的客户经理为我服务。

客户经理：您的想法很正常。如今，我已经在这个行业干了三年，我越来越热爱这个行业，我会把寿险营销作为我的终身事业来经营，同时，也是对我现有的和未来的投保客户负责。实际上，我与我的客户均保持着良好的关系，他们对我非常信任，大家都成了好朋友。

客户：像你这样的客户经理我们客户当然满意！

客户经理：谢谢您的夸奖！我非常希望和您这样有主见的客户接触，如果您不介意的话，我愿意和您交个朋友。

客户：可以的，我也很喜欢你这样对事业非常热爱又对客户高度负责任的客户经理!

客户经理：这是最近一期的《客户服务报》，每周一期，上面有许多保险知识和理赔信息，了解一下很有益处，以后再有新报纸我会亲自给您带过来。

客户：好的。

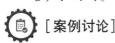[案例讨论]

客户的言外之意是保险客户经理换得太频繁，所以对客户服务存在担忧，进而也对保险失去了信心。请分析案例中的保险客户经理如何运用金融服务营销策略消除了客户的顾虑。

本章小结

1. 金融服务的概念：金融机构运用货币交易手段融通有价物品，向金融活动参与者和客户提供的使双方共同受益、获取满足的活动。

2. 金融服务的主要特点：（1）无形性是指金融服务在购买之前是看不见、摸不着的，没有具体的量化指标可供评价参考；（2）不可分离性又称流程性，即生产与消费同时进行；（3）异质性是指金融服务的构成因素和服务质量水平经常变化；（4）不可储存性是指金融服务在时间和空间上是不能储存备用或者留用的，效益生产随时间消逝，不能储存。

3. 金融服务营销的概念：金融服务营销指金融机构以金融市场为导向，运用整体营销手段向客户提供金融产品和服务，在满足客户需要和欲望的过程中，实现金融机构利益目标的社会行为过程。金融服务营销具有宏观环境比较严格、同质化程度高、建立信任是基石和客户信息数据量大的特点。

4. 金融服务的营销策略：（1）金融服务无形性的营销策略：提供有形展示、强化老客户宣传、强调服务理念；（2）金融服务不可分离性的营销策略：加强对金融服务系统管理、加强对客户的沟通和管理、鼓励积极的客户参与；（3）金融服务异质性的营销策略：采用标准化、定制化的服务流程；（4）金融服务不可储存性的营销策略：加强营销管理体制的柔性和创新。

第二章　金融业的客户经理制度

客户经理是直接接触客户并营销金融产品与服务的专职人员。客户经理连接客户和金融机构内部各个业务部门，客户面对客户经理，如同面对整个金融机构。因此，优秀的客户经理在每家金融机构都是一项稀缺资源和宝贵财富，是金融机构核心竞争力的组成要素。拥有一支高素质的客户经理团队，是每一位金融机构管理者梦寐以求的目标。要想成为一名优秀的金融机构客户经理，就应先了解一些最基本的内容，如客户经理的定义、理念和分类，以及客户经理应掌握的营销礼仪等。

第一节　客户经理的定义

金融机构客户经理是金融机构内从事市场拓展、客户关系维护、营销实施，并直接服务于客户的专业人员。客户经理在金融机构中发挥着不可替代的作用，他们的工作质量、工作态度，都对金融机构的发展产生重要的影响。

一、客户经理的作用

1. 金融机构与客户之间的"联络员"。客户经理是金融机构与客户接触的第一线，金融机构和客户的业务关系大都是通过客户经理建立的，客户经理必须能有效地连接客户和金融机构内部各个业务部门。一方面，客户的信息和需求要通过客户经理传达给金融机构内部有关部门；另一方面，金融机构的各种信息也需通过客户经理传递给客户。

2. 客户需求的"采购员"。客户经理要经常主动了解客户的金融需求，客户经理可通过侧面了解、电话联系、面谈等多样方式，在各种信息中识别有效需求、真实需求，采购客户所有的需求，并挖掘客户潜在的需求，对客户的需求从整体及细节上统筹把握。同时，除了客观分析及信息采集外，客户经理还应培养主观上对客户需求的敏锐感知力。

3. 金融机构发展的"市场信息员"。一个金融机构的营销策略、经营方式以及研发产品是要跟随市场的发展而变化的，金融机构想要得到信息反馈，就需要一线客户经理每天为金融机构提供有价值的信息。客户经理要充分发挥与市场距离最近、与客户距离最近的优势，掌握辖区客户结构，确定目标市场，了解金融市场的发展变化、同业的营销措施以及客户所在行业的市场动态等。

4. 金融机构产品的"导购员"。客户经理要在了解、挖掘、识别客户需求的基础上，将金融机构的多种金融产品有机地结合起来，制订满足客户需求的金融服务方案，进而赢得市场，积极营销，增加客户对金融产品和服务的消费量。

5. 金融机构业务创新的"推动者"。金融机构服务的目标是生产客户想要的服务和产品，应遵守"客户需要什么样的产品和质量，我们就生产什么样的产品和质量"的规律。客户经理要不断跟踪市场和客户需求的变化，获取业务创新的第一手信息，快速传递、及时反馈，配合产品经理寻求新的产品开发方向，积极做好新产品的推广工作。

6. 客户金融资产风险的"安全员"。客户经理是金融机构风险管理工作的参与者，要及时跟踪客户的业务经营发展、个人资金状况及变化，对客户的信用风险进行分析、预警和控制，及时提出客户风险控制额度调整建议，采取有效措施保全客户金融资产。

二、客户经理的核心理念

金融机构客户经理肩负着特殊职责，客户经理应树立以下六方面的核心理念。

1. 树立客户导向理念。以客户为中心，重视客户、尊重客户是金融机构客户经理制度最核心的理念。"一切为了客户，为了客户一切，为了一切客户"是客户导向理念的根本出发点和落脚点。"以客户需求为导向"并不是一味地迎合并满足客户需求，而是为客户提供更加合适的专业的金融服务。

2. 树立核心客户综合开发理念。营销实践已证明，20%的客户创造80%的业务和利润。金融机构客户经理在客户拓展与维护中应高度重视和关注能给金融机构创造主要利润的那部分客户，最大限度地挖掘和满足高价值客户的金融需求，提升客户关系价值，让优质客户成为金融机构的战略伙伴，实现"双赢"。同时，客户经理应牢固树立盈利观念，节省经营成本，优化客户结构。

3. 树立个性化产品和服务理念。面对金融机构客户的多元化需求，客户经理应根据客户需求特别定制服务，即向客户提供的不仅是一种产品或单一的服务，而是一个整体的服务方案。根据客户的具体情况，客户经理给予客户一个最佳的产品组合，最大限度满足客户的多种需求。

4. 树立金融服务创新理念。市场环境瞬息万变，客户的金融需求也在不断变化和升级。客户经理要保持对客户需求变化的高度敏感，洞悉宏观经济环境及微观经济环境的变化，及时发现、提炼和总结问题，并反馈到金融机构的产品部门，和产品部门联手进行产品创新设计。同时，客户经理要适应市场竞争灵活变化的需要，不断创新服务模式。

5. 树立风险防范理念。客户经理应该具备对客户风险的识别能力，在与客户沟通过程中，要按照金融机构的评价标准判断、记录客户的有关信息资料，对客户进行逐一、科学的分析和判断，及时识别风险、预警风险、化解风险，把风险控制在最低限度，切实把好风险控制的第一道关口。

6. 树立团队合作理念。金融机构的客户经理之间，客户经理与产品经理、风险经理之间应当建立一种团结协作和相互支持的关系。当客户需求复杂，或集团性客户需求多样化时，客户经理要有团队营销的意识，及时组成客户服务小组，按照个人的业务专长明确分工，共同拓展和维护客户，为其提供全面的金融服务方案。

三、客户经理的类型划分

按照能力的差异，可将金融机构客户经理划分为资源型客户经理、业务型客户经理、专家型客户经理和复合型客户经理。

1. 资源型客户经理：有深厚的人脉关系和优质的客户资源，善于处理与客户的关系，但业务知识和产品操作技能有待提高，往往需要和专家型客户经理合作来开拓客户。

2. 业务型客户经理：熟悉多种金融机构产品知识和多项业务操作方法，但一般性格内向，不善于处理与客户的关系。

3. 专家型客户经理：精通银行产品，尤其熟悉授信产品，对各类银行产品创新使用能力较强，精通各类银行产品的交叉使用，但需要积极培养管理能力和客户人脉开拓能力。

4. 复合型客户经理：能很好地处理客户关系，也能掌握银行产品的操作方法，业务知识较全面，精通资本市场、法律、会计和互联网等领域的知识。此类型客户经理有大量的客户资源，是全能型人才。

 [想一想]

你的目标是成为哪一类型的客户经理？

第二节　客户经理的基本素养

客户经理既是金融机构与客户关系的代表，又是金融机构对外业务的代表，不仅需要全面了解客户需求并向其营销产品与业务，还要协调和组织全行各有关部门及机构为客户提供全方位的金融服务，这就要求其必须具有良好的职业道德与综合业务能力。

（一）职业道德

1. 良好的职业道德。客户来办业务是一种信任行为，而非某一需要。一个爱岗敬业、作风正派、自律严格、洁身自爱、时刻为客户着想的客户经理会不断赢得客户的理解、信任和大力支持。只有当客户经理本身正直且具有一定的业务能力时，客户关系才会稳固。

 [扩展链接]

客户经理小曹的存款经

小曹是 A 银行的一名普通客户经理，他在"急客户所急，想客户所想"中与客户成为了好朋友，更建立了坚不可摧的业务合作关系。

以细节赢得客户、赢得效益的事例在 A 银行不胜枚举。大家在每天的晨会中都会朗诵一段话："要树立'行兴我荣，行衰我耻'的工作态度，用心对待每位客户；要善于发现有潜力的客户并与客户成为朋友，不要单纯因为存款而与客户接触；要把客户当成自己的朋友和家人，不计较付出，诚心诚意地打动客户。"

1. 关心客户

一次，小曹在与一位客户闲聊中了解到，客户经常开车出差，总是因手机电量不足而错过重要电话。他利用业余时间往返于多个手机配件店，为客户选择了一款性能好、型号匹配的车载充电器。看到小曹捧着充电器站在面前，客户深受感动。

2. 记住客户生日

在小曹的身边，大家总能看到一个小记事本，上面记录着一些重要客户的生日。每当客户过生日时，他总会发送短信或打电话送去祝福。在众多目标客户中，有一位客户一直没有与小曹开展合作，但小曹总是会在客户过生日、节日时送去祝福。

一次，在一个偶然的场合，小曹得知这位客户当晚因喝酒不能开车，就立即联系自己的朋友把客户安全送回家。客户酒醒后十分感动，第二天就到支行办理了一张储蓄卡。随后的几天，客户的 1000 万元储蓄存款因到期需要转存，于是没有犹豫地将 1000 万元继续存入 A 银行，客户觉得小曹和他所在的银行值得信赖。

大客户要将心比心，小客户也要以诚相待。当小曹为了将一笔几十元的利息收入送到客户手中而辗转寻找时，这名客户也非常感动。

小曹的故事体现了金融服务中"以客户为中心"的重要性。客户经理通过细节服务和真诚关怀才能够赢得客户的信赖。无论是大客户还是小客户，客户经理都应以同样的真诚态度对待，这展现了银行员工的专业素养和服务精神。

2. 崇高的责任感与使命感。客户经理必须认识到，金融业务来不得半点虚假，每一个操作失误都有可能造成巨大的损失。客户经理肩负着金融机构品牌推介与金融产品营销策略实施的重任，其责任与业绩不仅关乎金融机构事业发展，也关乎国家经济的繁荣昌盛。只有正确认识，才会对事业及工作产生崇高的责任感与使命感，融入客户服务中。同时，崇高的责任感与使命感是客户经理做好本职工作的强大动力，这也决定其个人在金融机构的成长机会。

3. 坚强的事业心。坚强的事业心是一个人认真对待工作、争取成功的精神支柱。金融机构客户经理的事业心，首先表现为对金融机构、对岗位的热爱与忠诚，同时也表现为认真的工作态度。一个人只有对所从事的事业热爱和忠诚，才会认真积极工作，才会充分地发挥自身的能动作用。客户经理只有热爱自身岗位和事业，才会全心全意地工作，才会千方百计地争取客户，关心客户的需求，为客户提供最好的服务和产品，并与客户保持长久的联系。

4. 强烈的协作精神。团队精神对于金融机构来说有着不可替代的作用，它可以提高组织的运行效率和发挥激励的作用，是不可或缺的管理手段。客户经理要依靠集体培养员工间的相互信任精神，彼此相信各自的正直、个性特点和工作能力，发挥集体智慧，树立整体意识，确保完成任务，维护好共同利益。

5. 持续的学习习惯。理论素质是客户经理素质的灵魂，业务素质的提高依赖于深厚的理论功底和科学的工作方法，学习的深度决定着客户经理对金融机构的方针政策的理解程度，决定着客户经理日常开展工作的力度。国内外金融环境随时发生变化，新情况、新问题层出不穷，客户经理的工作难度不断加大。这就给客户经理提出了更高的要求，即养成持续学习、独立思考、善于研究和勤于讨论的习惯，使自己具备较高的适应新形势的知识水平和综合工作能力。

（二）综合业务能力

经济越发达，社会分工就越细，社会需求就越多样化和个性化，对客户经理的要求就越高。这就需要金融机构客户经理不断提升自己的专业知识和各种业务技能，这样才能在营销过程中获得更大的进步。

1. 行业基础知识。金融机构客户经理要理解金融行业中的基础知识，如所在金融机构的情况、金融产品知识和客户信息等。

（1）所在金融机构的情况。作为金融机构的客户经理，不仅担负着营销产品、服务客户和研究市场的重要任务，还是金融机构形象传播的主要实施者。客户经理在服务过程中的一言一行，都直接影响客户对金融机构的认同度和信任度。另外，在营销过程中，客户和客户经理之间很可能从未打过交道，客户也没有在此金融机构办理过业务，那么客户经理就成了客户和金融机构之间的唯一联络人。因此，客户经理有必要对所在金融机构的具体情况有充分的认识，并能清晰地向客户介绍，如金融机构的发展历史、经营规模、规章制度、在同行业的地位和优势，市场定位及经营战略，金融产品种类和服务项目等。

（2）金融产品（服务）知识。客户经理向客户介绍金融机构产品时，首先应对金融机构产品有所了解，这是成功营销的基础步骤。比如，全面了解金融机构产品和服务及其具体操作方式、产品和服务的优势和劣势、竞争对手的产品和服务等。

（3）客户知识。客户经理每天都要面对不同的客户，如何从这些需求各不相同的消费群体中确定潜在客户，从而进行有效推销，要求客户经理善于分析和了解客户的身份、气质、性格、爱好、购买习惯和动机等综合情况，并针对不同客户的不同金融需求，采取不同的营销对策。

2. 职业辅助知识。除了专业知识外，客户经理还应掌握一些辅助知识，如法律知识、市场经济知识和财会知识等。

（1）法律知识。现代社会对金融业客户经理的法律知识要求越来越高。客户经理要熟练运用金融法律法规、行政法规、经济法规、社会法规，依法操作，按章办事，并凭借法律武器维护本金融机构的正当权益，保护客户的合法权益，同时保护自己的安全。从法律上讲，金融机构客户经理每完成一笔交易，金融机构和客户双方就同时承担了相应的权利与义务，双方当事人也就产生了法律责任。作为客户经理，要了解这笔交易是否符合法律、行业法规的要求，以及发生纠纷时仲裁和诉讼的基本程序等。

个别客户经理缺乏法律意识，为了个人利益铤而走险，不履行自己的工作职责，对公司制度和岗位职责置之不理，与外部人员相互勾结骗取金融机构资金的情况偶有发生。因此，客户经理必须全面了解法律法规，只有懂法才能守法。

（2）市场经济知识。客户经理每天的工作就是与各行各业的客户打交道，客户经理应扩展自身的知识面，并且了解客户所在行业的信息与知识，将各方面的知识运用于工作实践当中，为客户提供专业服务，促进业务发展。实践证明，具有广泛的知识面和经验能够帮助客户经理拉近与客户之间的关系并促进业务发展，知识面宽的客户经理理解能力更强，思考问题更加全面，解决问题的方式更加周全，因此在与客户谈判的过程中能够更好地理解客户的需求，提供更加专业的服务。

（3）财会知识。金融机构客户经理在向客户营销金融产品和服务时，为了能够给客户设计出更合理、更高效的金融服务方案，需要运用一定的财会知识对客户的财务和信用状况进行充分分析。同时，财会知识还能帮助客户经理有效识别客户风险，提高金融机构的资产风险管理能力和效益。

3. 营销技能。客户经理除了要丰富自己的专业知识外，还要提高自己的职业营销技能。

（1）收集与识别信息的能力。客户经理通过满足客户不同的金融需求来争取客户，开拓市场。因此，客户经理必须有能力收集各种信息，并识别哪些信息是有用的，哪些信息是多余的。一个客户经理的业绩如何，能否争取到优质客户，要靠客户经理对各种信息的收集与识别能力。

（2）沟通能力。客户经理必须具备良好的沟通能力。客户的各种信息，包括财务信息和非财务信息，不仅能在客户提供的各种资料中体现出来，还能通过与客户的沟通予以了解。因此，客户经理必须以客户为中心，根据沟通对象调整沟通方式。

（3）谈判能力。客户经理每一次接待客户都是一场谈判，通过谈判了解客户的需求，给客户配置合理的金融产品。因此，客户经理必须具备良好的谈判能力，包括观察能力、决断能力、语言表达能力以及应变能力。

（4）管理客户和服务客户的能力。客户经理管理客户和服务客户包括对现有客户的管理与服务以及对潜在客户的管理与服务。对于现有客户，客户经理必须有敏锐的洞察力和宽广的知识面，通过观察和思考，把握客户的心理，不仅要热情服务，还要提供个性化、多元化的服务。对于潜在客户，客户经理必须能进行业务拓展，积极进行市场分析，挖掘优质潜在客户，主动地、广泛地接触客户，向客户推荐金融产品服务，力争将优质客户转为现实客户。

（5）抗压能力。作为优秀的客户经理，必须具备抗压能力。作为直接面对客户的第一线人员，总是会遇到被客户不理解、抱怨、拒绝的情况。这时，就需要客户经理能迅速恢复积极的心态，不抱怨，不影响工作，并且在挫折中去分析自己在服务客户过程中的不足，尽快找到解决方案来摆脱逆境。

（6）协调能力。客户经理还必须具备良好的协调能力。客户经理需要协调各部门之间的关系、金融机构和客户之间的关系以及自己与客户之间的关系。客户经理高效、优质的服务必须建立在机构内部各部门协调配合以及客户配合的基础上。因此，协调能力是客户经理有效开展工作的基本条件。

第三节　客户经理的营销礼仪规范

客户经理营销礼仪是指客户经理在营销活动中为表示尊敬、善意、友好的道德、规范、行为及一系列惯用形式，包括工作人员的仪容、仪表、行为举止、文化内涵、素质、修养、交往、沟通、工作态度、热情服务等。从客户经理本身修养的角度看，要具备良好的内在修养和素质；从交际的角度看，以尊重、友好的态度为基础，具备一定的人际交往能力、方式和方法；从传递的角度看，具备自信的态度、有效的沟通方式、互相达成思想与情感的顺畅传递。营销礼仪是客户经理必备的素质。

一、接待礼仪

1. 出入房间。进房间前要先敲门，得到允许后再入内。敲门时，每隔3～5秒敲2～3下。出房间时应面向客户，道别后，目送客户离开。

2. 电梯礼仪。有人控制的电梯：以客人先进先出，陪同者后进后出为原则。

无人控制的电梯：陪同者先进后出，并控制好按钮，若电梯可能超员，应请客人先进。

3. 介绍礼仪。介绍的先后顺序：尊者居后原则。

（1）上级、下级的情况：先介绍下级，后介绍上级；

（2）长辈、晚辈的情况：先介绍晚辈，后介绍长辈；

（3）男士、女士的情况：先介绍男士，后介绍女士；

（4）同事、客人的情况：先介绍同事，后介绍客人；

（5）同事、多客人的情况：集体见面时先介绍同事，后介绍客人，若同事是多位，先介绍位高者。

 ［想一想］

你是一位客户经理，想介绍一位客户和网点行长认识，应先介绍谁？

4. 握手礼仪。

（1）握手顺序：伸手的先后顺序是上级在先、主人在先、长者在先、女性在先；

（2）握手时间：一般2～3秒或4～5秒为宜；

（3）握手力度：不宜过猛或毫无力度；

（4）握手礼仪：握手时应脱帽，切忌戴手套握手，要注视客户并面带微笑。

5. 名片礼仪。

（1）递交名片：双手递上名片，名片的正面应朝向对方，递交时上身要略微向前倾，目光注视对方，微笑致意，同时口头应该报上自己的姓名，如"您好！我叫某某某。"

（2）接受名片：接受他人名片时应立即停止手中的一切事情，起身微笑，目视对方，双手接过名片，并口头示谢。需双手接过对方名片，用5～10秒钟时间通读一遍，如对方有重要职务应读出来，以示重视。仔细浏览后，将其慎重地放在合适的地方，不可随意乱放或拿在手中玩弄。

（3）递名片顺序。名片的递送先后虽然没有太严格的礼仪讲究，但也有一定的顺序。一般是地位低的人先向地位高的人递名片，男性先向女性递名片。当对方有多人时，应先将名片递给职务高或年龄较长者，或是由近及远递，依次进行。

二、电话礼仪

要正确、有效地使用电话，应该做到亲切文明、简洁准确。接打电话时，应注意以下事项：

1. 接电话。在电话铃声三声内拿起话筒，面带微笑地说："您好，（金融机构名称）……请讲。"

主动报出名字及问候，主动询问客户需求，礼貌结束电话。

2. 打电话。用标准的礼貌头衔来称呼对方，讲话要言简意赅，尽快切入主题，电话交谈时要配合肢体动作如微笑、点头。

 [想一想] 谁先挂断电话？

客户先挂电话：客户是我们的上帝，我们是为客户服务的。特别是接热线电话、值班电话、服务电话时尤其要等客户先挂。

三、上门营销礼仪

上门营销是指金融机构组织营销人员到机关、企业、事业单位等大客户单位上门进行宣传，帮助策划定向开发产品、销售产品，或结合当地举办的各类活动进行产品销售。上门营销时，如果想给客户留下良好的第一印象，就必须掌握一些必要的礼仪。

1. 注意仪容、仪表的礼仪。头发整洁、无异味；不能留长指甲，指甲缝中不能有污垢；男性胡须要剃干净，鼻毛应剪短；女性可适当化淡妆；服装的款式和色彩的搭配要大方、协调；服装要干净、整洁，不能有褶皱、异味和油迹。

2. 正确的自我介绍。自我介绍时，态度要自然、友善、亲切、随和，既不宜胆小怯懦，又不宜轻浮夸张。一般自我介绍控制在半分钟以内，要体现出训练有素。

本章小结

1. 客户经理的定义：金融机构客户经理是金融机构内从事市场拓展、客户关系维护、营销实施，并直接服务于客户的专业人员。

2. 客户经理的作用：金融机构与客户之间的"联络员"、客户需求的"采购员"、金融机构发展的"市场信息员"、金融机构产品的"导购员"、金融机构业务创新的"推动者"、客户金融资产风险的"安全员"。

3. 客户经理的核心理念：树立客户导向理念、树立核心客户综合开发理念、树立个性化产品和服务理念、树立金融服务创新理念、树立风险防范理念、树立团队合作理念。

4. 客户经理的基本素养：（1）职业道德：良好的职业道德、崇高的责任感与使命感、坚强的事业心、强烈的协作精神、持续的学习习惯；（2）综合业务能力：行业基础知识、职业辅助知识、营销技能。

5. 客户经理的营销礼仪规范：接待礼仪、电话礼仪、上门营销礼仪。

第三章 金融服务营销策划

面对日趋白热化的竞争和同质化的产品，金融机构必须不断实施与竞争对手不同的、新的营销策划思路、方法，再与文化、情感结合，使策划活动充满艺术性、观赏性，这才能使消费者和公众对金融机构和产品产生认同感，从而转化为购买行为。金融营销策划充满了趣味和激情，已成为金融机构竞争中一道亮丽的风景线，往往能够激发具有创造力的灵感，产出有竞争力的产品，也毫无争议地成为金融市场营销管理的核心。

第一节 金融服务营销策划概述

一、金融服务营销策划的概念

 ［案例引入］

在数字化转型的浪潮中，银行业正经历着前所未有的变革。用户的个性化需求、流量的高效获取以及多渠道的有效触达，已成为银行转型的关键驱动力。在这一背景下，银行营销策略的转型升级显得尤为重要。通过优质内容深刻影响与实现客户运营，不仅可以增强客户对金融机构的品牌认知，还可显著提升银行的获客、活客及转化能力，这已成为银行业发展的趋势。

随着金融客群的日益年轻化和营销的互联网化、智能化，银行必须转向"以客户为中心"的深度经营模式。传统营销手段已难以满足客户多元化、个性化的需求，因此，银行营销策划需聚焦两大核心变量：内部变量，银行应深入挖掘自身品牌特色、业务与经营优势，通过创新营销活动，实现精准触达用户，提升用户活跃度和黏性，构建差异化竞争优势；外部变量，在流量稀缺、用户信任珍贵的背景下，银行需选择高质量的内容平台作为合作伙伴，通过其高质量内容、高品质受众和高口碑塑造能力，帮助银行打造有温度、可信赖的金融品牌形象。

银行应结合本地化优势和业务特色，开展针对性强、有深度的品牌营销活动。近年来，一些较为成功的银行品牌营销案例为我们提供了宝贵启示。

中国农业银行冠名播出纪录片《大国之树》：以树的魅力为切入点，深度契合中国农业银行"三农"金融服务品牌标签，传递金融力量守护绿水青山的理念。节目不仅提升了中国农业银行的品牌形象，还带来了正向的社会营销价值。

中国民生银行冠名播出纪录片《并肩的我们》：以小微经济为主题，通过纪录片讲述小微企业的创业故事，展现民生银行在小微领域的专业服务和深厚情感。节目通过真实故事塑造品牌形象，有效提升了民生银行在小微领域的市场认知度。

上述案例均采用以内容为核心、以用户为中心的营销策略，提升了品牌影响力和用户黏性。

随着金融科技的持续发展和用户需求的不断变化，银行营销策划将更加注重创新性和实效性。银行需继续深化与互联网平台的合作，探索多元化的内容营销形式，如短视频、直播等。同时，银行还需加强客户数据分析能力，实现精准营销和个性化服务，进一步提升用户体验感和满意度。

 ［案例讨论］

在数字化时代，银行如何更有效地利用大数据分析来优化金融营销策划，以实现更精准的用户触达和个性化服务？

策划是指为了实现特定的目标，针对存在的问题提出解决的对策，通过制订具体可行的方案达到预期效果的一种综合性创新活动。策划最大的特点是通过创造性的思维整合、聚集资源，以扩大资源的占有、使用和效能为目的。

金融服务营销策划是策划的一个分支，就是以实现金融机构特定营销目标或解决特定营销问题为中心，系统地、创造性地设计和整合各种营销要素（如价格、产品、广告、现场活动等），有计划地实施谋略，将金融产品或服务销售出去的过程。营销策划通过环境与策略分析，激发创意，创造性地利用企业资源和社会资源，制订可行的营销活动方案，从而改变金融机构现状，达到理想的目标。

金融服务营销策划的内涵包括三个方面：第一，营销策划对象可以是某一个金融机构整体，也可以是某一种商品或服务，还可以是一次活动；第二，营销策划需要设计和应用一系列计谋，并做出精心安排，以保证一系列计谋运用成功；第三，营销策划是对未来所做之事的创造性安排设计，它虽与计划有相似之处，但并不相同，关键区别点在于策划具有创新性，一般是先有策划，再有计划。

二、金融服务营销策划的特点

金融服务营销策划服务于金融机构目标，以金融机构更好地生存与发展为总目标。

具体来说，处于不同市场、不同发展阶段、不同竞争程度的金融机构，其营销策划的具体目标是不同的，有的是提高市场份额，有的是提高品牌知名度，有的是打击竞争对手，有的是培养消费者的忠诚度，等等。但是归根结底，金融服务营销策划的具体目标都是在特定的时间和地点，通过对金融机构各类资源的整合利用，使金融营销策划的对象以消费者偏好的形式出现在市场上，并在这一特定时空条件的市场上具有唯一性、排他性和权威性，从而获得长期的或至少是一段时间的竞争优势。

总体来看，金融服务营销策划是一项既具有复杂性又要求系统性，既要求具体性又要求整体性的工作，具体有以下六个特点。

1. 商业性。金融服务营销策划的目的是给金融机构带来销量和利润，而不仅仅是设计某个轰动的活动、做出富有艺术性的广告。有效的金融营销策划可以使金融机构的市场份额快速变大，给金融机构带来利润的快速增长、品牌知名度和美誉度的迅速提升，使金融机构能够在可预测的未来获得经济上或声誉上的收益。把握住了现在，才有掌握未来的可能。金融营销策划必须能够产生理想的效益，或者能推动效益的增长，不能给金融机构带来效益的策划不是好的策划。

2. 创意性。金融服务营销策划是解决营销过程中某一金融产品、某一金融服务的创意思维，是一种智力密集型活动。创意是指与众不同、新奇且具有魅力的构想和设想，营销策划的关键是创意，创意是营销策划的核心和灵魂。

策划者具有创新性思维，这种创新性思维才是策划生命力的源泉。创新性并不是高深莫测、难以捉摸的。策划人员的创意主要来自三个方面：一是经验的积累，只有长期积累有关事物的信息并重视对其中重要信息的加工，才会产生灵感、闪现火花和获得创意；二是思路开阔，能够充分发挥自己的想象力和创造力，立意具有一定的高度，并且视角独特；三是思维方式独特，能够出新、出奇。策划人员只有打破常规思维习惯、思维定式，采用逆向思维、立体思维、发散思维、交叉思维，才能取得市场营销策划的成功。

3. 时效性。时效性是金融服务营销策划的关键性特点。去年效果很好的策划案今年可能就不好用了，对别的金融机构好用的营销策划对我们机构可能就派不上用场了。就如中国银行是冬奥会合作伙伴，可以借助 2022 年北京冬奥会进行营销策划及宣传活动，但其他银行就没有办法借助这一盛事进行产品或服务的推广。

4. 综合性。综合性是金融服务营销策划的又一重要特点。菲利普·科特勒在论及营销学时曾经指出，经济学是其父，行为学是其母。同样，对营销策划来说，市场营销学是其父，策划学是其母。市场营销学本身就是综合了哲学、数学、经济学、行为学、社会学、心理学等学科的精华而形成的跨学科理论，营销策划更是在市场营销学的基础上集战略、文学、美学、心理学之大成。国内外很多知名的营销策划家都是知识面广、阅历丰富、学习能力非常强的人。也就是说，综合性对营销策划人员提出了更高的要求，要求营销策划人员是通才、杂家，具有广泛的、全面的能力。

5. 灵活性。孙子曾经说过："兵无常势，水无常形。"这句话一样适用于金融服务营销策划。灵活性是由金融营销活动所面临环境的复杂性、多变性决定的。在当今复杂多变的市场环境下，营销策划如果僵硬、机械，不具备灵活性、应变性、适应性，必将出现失误。灵活性是指在营销策划过程中，必须注意策划方案的整体方向性与方案具体细节的灵活性相结合，对方案中不可预测性较强的环节应特别指出，并准备几套风险应对方案，以便对营销策划方案的某个环节进行调整。同时，在方案实施过程中，随着金融环境的变化以及影响金融市场的各种客观条件和因素的变化，应不断调整方案的进程，保证方案执行在可控的范围之内。

6. 可行性。可行性是指金融服务营销策划必须是金融机构经过努力可以实现的。可行性具体体现在以下方面：第一，在企业现有资源（包括人力、物力、财力等有形资源和信息、商誉、品牌等无形资源）与条件下可以实现；第二，须考虑到外部环境的制约及外部环境的冲突；第三，有具体的、清晰的行动方案，使策划的参与者能够懂得游戏规则、遵循游戏规则。

［想一想］

传说老鼠为了防备猫的袭击，在一起开会商量对策，一只非常聪明的小老鼠提出了一个极具创意的建议：在猫脖子上挂一个铃铛，猫一过来，老鼠就会听到铃声。马上就有一只年长的老鼠问道："谁去给猫挂铃铛呢？"结果，没有一只老鼠敢去。请问这个寓言故事说明了什么问题？

三、金融服务营销策划的原则

（一）效益原则

效益原则是指在金融服务营销策划活动中，要以成本控制为核心，获取金融机构行为和策划行为两个方面的经济效益与社会效益。

金融服务营销策划的终极目标是通过策划活动取得良好的效益，包括经济效益和社会效益。金融机构开展营销策划活动，无论是要降低成本，还是要提高市场占有率，或者是要树立良好的企业形象，无一不是为了提高效益。因此，效益性成为营销策划的主导原则。没有了经济效益，就违背了开展营销策划的初衷，就是失败的营销策划。

（二）系统原则

金融服务营销策划是一个系统工程，其系统性具体表现为两点：一是营销策划工作是金融机构全部经营活动的一部分，营销策划工作的完成有赖于金融机构其他部门的支持和合作。一个营销部门不能解决所有问题，如金融产品种类、金融产品价格、贷款回收等，还需要市场部、研发部、财务部及风控部等相关部门分工合作。二是进行营销策划时要系统分析诸多因素的影响，如宏观环境因素、竞争情况、消费需求、本机构金融产品及市场情况等，只有将这些因素中的有利一面最大限度地综合利用起来，才能真正为金融机构的营销策划服务。

坚持系统原则，就是要将营销策划作为一个整体来考察，强调营销策划活动的整体性、全局性和效益性，对整体与部分之间相互依赖、互相制约的关系进行综合分析，选择最优方案，充分发挥各要素简单相加不能实现的功能和作用，从而实现金融机构追求的目标。

（三）创新原则

作为金融机构营销活动的核心工作，金融营销策划是一个创造性的思维活动过程，它不仅是一门科学，而且是一门精湛的艺术，需要策划人员有丰富的实践经验，并且对营销策划工作有深刻的感悟。如果策划人员采用"鹦鹉学舌"的方法，照搬、模仿、抄袭别人固有的模式，就无法实现真正意义上的策划。策划人员应运用创造性思维，依据客观变化的条件努力创新，不能抱残守缺、因循守旧。

营销策划必须做到语言新、表现手法新，能够给人以新颖的感觉。语言新，即要注意从生活中提炼警句、名言，使广告词既有幽默感又有哲理性，富有人情味和新意；表现手法新，即要有新的艺术构思、格调和形式。通过创新，创造与顾客的个性化需求相适应的产品特色和服务特色，甚至创造新的生活方式和消费观念，唤起消费者的购买欲望，把潜在消费者转化为现实消费者。

（四）人本原则

人本原则是指金融服务营销策划应以人力资源为本，通过发掘人的积极性和创造性，为金融机构策划工作提供动力与保障。其中，人力资源既包括金融机构内部的管理者与员工，也包括广大的消费者。

1. 调动与激发金融机构内部人员的积极性和创造性。在进行营销策划的过程中，金融机构应树立"以人为本"的理念，所有营销策划活动的落实最终都要通过员工的具体工作来实现。全体员工的积极参与，可以使营销策划工作中出现的各种问题得到有效、快速的解决。

2. 金融机构的行为要与消费者的利益有机结合。金融机构的营销策划活动必须体现"以消费者为中心"的思想。营销策划活动不仅要为消费者服务，而且要让消费者满意，这样有助于金融机构培养忠诚的顾客群。

3. 金融机构发展要与社会发展相协调。金融机构的生存与发展不可能游离于社会环境之外，因此，金融机构的发展必须与社会的发展相一致，维护生态环境的平衡，促进社会的可持续发展，维护全人类根本利益。

 ［扩展链接］

自 2020 年 3 月起，庆云农商银行在严格遵循新冠疫情防控要求的同时，展现出高度的前瞻性与行动力，精准捕捉春耕备耕的黄金机遇期，迅速在全行范围内激发起一股蓬勃的营销热潮。

在这一系列战略部署中，庆云农商银行秉持了多重营销原则。

产品创新与差异化策略：该行勇于创新，特别针对女性创业者及抗击新冠疫情期间的特殊需求，推出了"巾帼战疫贷"与"巾帼创业贷"，体现了对市场的敏锐洞察与对特定群体的关怀。同时，通过推广六款"无息"产品（如农资化肥无息贷、车位无息贷等），进一步丰富了产品线，以差异化优势吸引客户，满足多样化的金融服务需求。

宣传渠道多元化与精准化：庆云农商银行充分利用线上线下资源，实施全方位、多层次的宣传策略。在线下，通过村支部合作、墙体广告、悬挂条幅等方式，确保政策信息直达田间地头，深入人心；在线上，则利用音频文件与村头"大喇叭"这一传统而有效的传播媒介，将"无息"贷款政策广泛播撒至每一个村庄，实现了信息的精准触达与高效传播。

客户导向与深度服务：该行坚持客户至上的原则，通过全员参与的走访营销活动，深入田间地头、村庄社区，与客户进行"一对一""面对面"的深入交流，不仅传递了最新的信贷政策，更重要的是，通过这种近距离的互动，全面了解客户的真实金融需求，为后续提供更加个性化、贴心化的金融服务奠定了坚实基础。

庆云农商银行在营销过程中，严格遵循了创新原则、系统原则、人本原则等，不仅有效提升了自身的市场竞争力，更为助力当地农业生产、促进经济复苏贡献了重要力量。

四、金融服务营销策划的过程

金融机构应该摸索一条本企业特有的思考问题和营销策划的思路，形成一种顺畅的思维方式。当然，不管金融机构有多么不同，思维方式有多特殊，我们仍然可以找到一些共性的东西，这就是下面我们将要探讨的，每个金融机构应该具有的基本的营销策划的思维方式。

菲利普·科特勒曾经说过，营销并不仅仅是一种商业职能，还是一种思维方式，一种思考如何创造、沟通和传递价值给目标客户群体，并使企业最终获利的有效的思维方式。

具体来说，金融服务营销策划是基于现实状况对金融机构发展目标与实现途径以及未来发展的思考。因此，营销策划的思维路径应该是以下一系列问题的推演结果：

（1）现在和将来的营销环境或行业状况怎样？

（2）金融机构现在的真实状况和将来的状况如何？

（3）金融机构希望在短期和长期分别达到怎样的目标？

（4）为了实现目标，金融机构应该制定怎样的战略？

（5）为了实现这些战略目标，金融机构应该实行怎样的战术策略？

（6）通过这些战略和战术策略，最终结果如何？

与这些问题相对应，营销策划的思维过程应该是：营销现状调研→明确营销目标→SWOT 分析和战略规划→战术营销组合策划（产品、价格、渠道和促销）→营销执行控制和营销效果评估。如果我们的营销策划方案执行后达到了预定的目标，那么这就是一个成功的营销策划。

（一）营销调研

营销调研是营销策划的基础。市场调研所收集的信息资料将成为金融机构进行战略规划和战术策划的依据，也是开展所有营销活动的依据。

营销现状调研的内容主要包括以下四个方面：首先，金融市场或行业状况调查：主要包括现状调查和趋势调查。其次，金融机构自身状况调查：主要包括金融机构战略状况调查和营销状况调查。再次，消费者调查：主要包括基本信息调查和消费特点调查。最后，竞争状况调查。主要包括竞争对象调查和竞争状况调查。

（二）营销目标规划

确立营销目标是明确营销努力方向和营销策划方向的重要环节。通过营销调研，金融机构已经掌握了大量的信息资料。在分析资料的基础上，金融机构应该对行业总体市场规模与市场结构的重大变化做出分析预测，并对金融机构的营销目标做出规划和决策。

金融机构的营销目标规划需要明确营销前进的方向与里程、营销目标的数值与增幅、达到营销目标的时间和进度。主要关键指标必须包括销售规模（数量和金额）、市场份额（数值与排名）、品牌状况（增长数值和幅度）和利润收益（数值与增长幅度）四大方面。

金融机构营销目标规划需要在金融机构营销策划部门和金融机构高层领导之间反复

讨论研究才能确定下来，有时可能还需要借助外部专家参与分析、研究和规划。

（三）SWOT 分析和 STP 战略规划

金融机构营销目标一经确定，紧接着就是要进行 SWOT 分析，然后进行金融机构的战略规划以实现金融机构的营销目标。

1. SWOT 分析。SWOT 分析，即对金融机构内外部环境进行分析，主要是为接下来的战略规划和战术策划提供支持。分析的主要内容包括以下方面。

S（Strength）分析：金融机构的优势是什么？

W（Weakness）分析：金融机构的劣势是什么？

O（Opportunity）分析：金融市场的机会是什么？

T（Threat）分析：金融市场的威胁是什么？

SO 分析：金融机构如何借助优势抓住市场机会实现快速发展？

WO 分析：金融机构如何借助市场机会弥补自身劣势实现逆势而上？

ST 分析：金融机构如何利用优势化解市场危机、解除市场威胁？

WT 分析：金融机构能否克服自身劣势和市场威胁实现成功突围？

2. STP 战略规划。通过 SWOT 分析后，金融机构对于自身的优劣势和所面临的机会和威胁有了大致的了解，在此基础上，金融机构要制定自己的营销战略，即我们经常所说的 STP 战略。

进行市场细分（Segmenting）：所谓市场细分是指把市场细分为具有不同需要、特点或行为的购买者群体，并针对每个购买者群体采取单独的产品或市场营销组合战略。市场细分能发现新的市场机会，更好地满足消费者的需求。

选择目标市场（Targeting）：进行市场细分之后，金融机构要选择进入的目标市场。目标市场是指在市场细分、市场定位的基础上，金融机构要进入的最佳细分市场。

金融机构选择目标市场应该坚持根据产品、市场和技术之间的关系，遵循金融机构既定的发展方向，发挥金融机构的竞争优势。通常情况下，金融机构目标市场选择的策略主要有无差异营销策略、差异化营销策略和集中性营销策略。

进行市场定位（Positioning）：市场定位的实质是使本企业与其他企业在目标客户心中严格区分开来，使客户明显感觉和认识到这种差别，从而在客户心目中占有特殊的位置。市场定位主要包括产品定位、品牌定位、企业定位等。

（四）战术营销组合策划

在进行战略规划后，要进行具体的战术营销组合策划，这是实现营销目标的关键，也是整个营销策划工作能否取得预期效果的决定因素。战术营销组合策划主要包括产品策划、品牌策划、价格策划、渠道策划、促销策划、公关传播策划和广告策划。

（五）营销执行控制和效果评估

进行战术营销组合策划后，整个营销策划方案就基本形成，通过专家讨论后即可作为金融机构的营销决策方案坚定不移地贯彻执行。

在营销策划方案执行过程中，营销策划人员要深入一线，进行营销策划方案的解读与培训，并在执行过程中纠正不恰当的行为，研究执行中出现的新情况、新问题，及时对营销策划方案进行补充和修正。

执行完营销策划方案之后，金融机构和营销策划人员要对照营销目标，对营销效果进行评估，及时总结经验教训。对于正确有效的措施要坚持下来并形成自己的营销特色和竞争优势；对于存在的不足要认真分析原因，找到症结，提出改进措施，防止下次再犯同样的错误。

 ［想一想］

　　背景资料：A 银行是一个地方性商业银行。近年来，随着金融市场竞争的加剧，各种产品成本居高不下，缺少拳头产品和特色产品，且没有健全的销售渠道，因此银行陷入经营困境。

　　问题：A 银行如何转变颓势？请你就其营销策划提出相应建议。

　　理解要点：根据调查，银行产品种类繁多，各种产品的特点和价格都有相应的消费群体，同时金融机构规模有所不同。因此，在对 A 银行新产品进行营销策划时，首先，要分析该类金融产品的市场需求总量，大致预测该类金融产品的总体销售量；其次，要分析 A 银行所在地的销售情况；最后，要分析不同种类金融产品的市场需求情况，从而确定 A 银行应该打入哪个市场。

第二节　金融服务营销策划书

　　成功的金融营销策划文案具有六大特点：第一，粗略过目就能了解策划文案的大致内容；第二，使用浅显易懂的语言，充分体现对方的利益和要求；第三，与同类金融营销策划方案相比，展现的内容有相当明显的差异性与优越性；第四，图文并茂，表现效果好；第五，全文条理清晰、逻辑分明，读者看完后能够按照营销策划文案的内容有计划、有步骤地执行下去；第六，能够充分体现金融机构的勃勃生机和基本特征。

一、金融服务营销策划书撰写原则

　　1. 针对性原则。通常情况下，金融服务营销策划是为了解决某一具体问题。所以，营销策划方案要具有针对性，针对某一具体问题提出改进措施，不能脱离实际，泛泛而谈。

　　2. 逻辑思维原则。金融营销策划的目的在于顺利开展金融营销活动，解决金融机构营销过程中遇到的问题，因此应按照逻辑思维结构来撰写营销策划文案。首先是设定情况，交代策划背景，分析市场现状，再把策划目的全盘托出；其次是详细阐述具体策划内容；最后是明确提出解决问题的对策，这是策划的核心。

　　3. 简洁朴实原则。金融服务营销策划文案的撰写要做到语言简洁朴实、重点突出，使读者一目了然。

　　4. 可操作原则。金融服务营销策划文案用于指导金融机构的营销活动，因此其可操作性非常重要。营销策划方案注重实际效果，抓住金融机构营销中所要解决的核心问题，深入分析，提出可行的相应对策。不易于操作的文案必然要耗费大量的人、财、物，成本高但收益少。

5. 创新原则。金融服务营销策划文案的撰写要做到创意新、内容新。新颖的创意是策划书的核心内容，这也是金融机构需要的。

二、金融服务营销策划书撰写结构

事实上，金融服务营销策划文案没有一成不变的格式，依据金融产品或营销活动的不同要求，营销策划书的内容与格式可以有所变化。但是，从营销策划活动的一般规律来看，其中有些要素是共同的。通常情况下，一份完整的营销策划书的基本结构包括以下七项，如表 3-1 所示。

表 3-1　　　　　　　　　　　　营销策划书结构表

主要构成		发挥作用
封面		策划书名片
概要		策划书精髓
目录		策划书框架
前言		策划书背景和过程
正文	分析市场状况	策划书依据
	分析市场机会	策划书问题
	确定营销目标	策划书目标
	拟订营销方案	策划书策略
	实施行动方案	策划书执行蓝本
结束语		策划书关键点总结和预期效果展望
附录		策划书可信度佐证

（一）封面

封面设计的原则是醒目、整洁，不要太花哨，至于字体、字号、颜色则应根据视觉效果具体考虑。封面构成的要素主要包括以下几个：编号、主题、策划委托人、策划机构名称或策划人名称、策划负责人及联系方式、策划完成时间及策划执行时间（见图3-1）。

```
编号：_____
    主题：

    策划委托人：
    策划机构名称：
    策划负责人：
    联系电话：

                        策划完成时间：
                        策划执行时间：
```

图 3-1　营销策划书封面

（二）概要

概要相当于一般书籍的内容简介，或者普通文章的内容摘要。它是对营销策划书主要内容的概括性陈述，其目的是使读者对方案内容有一个非常清晰的概念，便于读者理解策划人的意图和观点。

（三）目录

目录是营销策划书的重要组成部分，是策划书各个部分题目的清单，能够使读者很快了解策划书概貌及方便查找相关内容。目录的编制要下一点功夫，既要让人读后了解策划书的全貌，又要引发读者的阅读兴趣。

（四）前言

前言是营销策划书正式内容前的情况说明部分，主要是对策划项目的意义、目的、紧迫性、原由、起因、方法、过程、内容等背景性资料进行介绍。其作用在于，一方面使读者了解策划项目的背景情况，另一方面引起和激发读者的兴趣，特别是应该使读者看过前言后，对营销策划方案产生一种急于了解的欲望和初步的价值判断。前言的文字一般不应太长，其内容集中在以下两个方面：一是委托的情况；二是策划的情况，即策划要达到的目的、策划的主要过程。

（五）正文

正文是整个营销策划书的核心内容，也是对前面各章节内容的具体应用。

1. 分析市场状况。分析市场状况的内容包括宏观环境分析、微观环境分析、金融产品分析、竞争者分析、消费者分析等。分析市场状况是在市场调研取得第一手资料的基础上进行的。

2. 分析市场机会。营销策划书是对市场机会的把握和营销策略的运用，分析市场机会是市场营销策划的关键。只要找准了市场机会，策划就成功了一半。市场机会分析可以借助 SWOT 进行分析，即优势、劣势、机会和挑战。

3. 确立营销目标，即对本次营销策划要实现的目标进行全面描述，是本次营销策划活动的原因和动力。

4. 拟订营销方案。营销策划书的内容主要包括市场定位和 4P 组合策略①两部分，具体回答两个主要问题：一是本产品的市场定位是什么；二是本产品的 4P 组合策略具体是怎样的。

5. 实施行动方案。制订周密细致的行动方案，具体包括做什么？何时做？何地做？何人做？怎么做？对谁做？为什么做？需要做多长时间？需要多少人员及费用？达到什么程度？等等。

（六）结束语

结束语一般是对整个策划的要点进行归纳总结，一方面突出政策要点，另一方面与前言相呼应。在撰写结束语时，策划人员要回答这样一个重要的问题：你的策划如何解决你前面提出的营销问题？预期的效果如何？如果不能很好地回答这些问题，整个策划逻辑就值得怀疑。

---

① 即产品（Product）、价格（Price）、地点（Place）、促销（Promotion）。

（七）附录

附录的作用在于证明营销策划的客观性。因此，凡是有助于读者理解营销策划书内容、增强读者对营销策划书内容信任感的资料，都可以列入附录中，如消费者调查问卷的样本、分析模型、座谈会照片等图文资料。附录也要标明顺序，以方便读者查找。

 [业务示范]

银行服务营销策划（框架）

一、市场背景与机会分析

1. 宏观经济与金融环境

（1）分析当前宏观经济环境对金融市场及银行金融服务的影响，包括经济增长率、货币政策、金融市场稳定性等。

（2）评估金融市场趋势，特别是针对个人及企业金融需求的变动，为制定营销策略提供依据。

2. 目标客户群分析

（1）研究目标客户群体的经济状况、就业情况、消费能力及金融需求，包括但不限于个人消费者、小微企业主、大中型企业等。

（2）分析不同客户群体的金融偏好、风险承受能力及投资习惯，为精准营销奠定基础。

二、产品与服务定位

1. 金融服务亮点

（1）提炼银行在金融服务方面的独特优势，如丰富的产品线（储蓄、贷款、理财、保险等）、便捷的线上服务平台、专业的金融顾问团队等。

（2）强调银行在安全性、稳定性、创新性等方面的优势，提升客户信任度。

2. 客户需求匹配

（1）根据目标客户群体的金融需求，定制个性化的金融服务方案，如定制化贷款产品、专属理财计划、一站式金融服务解决方案等。

（2）关注市场热点和新兴需求，如绿色金融、数字金融等，积极开发相关产品和服务。

三、价格与优惠策略

1. 成本效益分析

（1）评估银行提供金融服务的成本结构，包括资金成本、运营成本、风险成本等。

（2）结合市场竞争情况和银行利润目标，制定合理的服务价格体系。

2. 优惠与促销

（1）设计多样化的优惠策略，如新客户开户礼、存款利率上浮、贷款利率折扣、积分兑换等，吸引新客户并提升老客户忠诚度。

（2）针对特定客户群体或节假日等时机，推出限时优惠活动，增加服务吸引力。

四、营销渠道与策略

1. 线上渠道

（1）加强银行官方网站、手机银行 App、社交媒体等线上平台的建设和推广，提升客户体验和互动性。

（2）利用大数据分析技术，实现精准营销和个性化推荐，提高营销效率。

2. 线下渠道

（1）优化银行网点布局和服务流程，提升客户到店体验。

（2）举办金融知识讲座、理财沙龙等线下活动，增强客户黏性并拓展潜在客户。

3. 合作渠道

（1）与企业、社区、学校等建立合作关系，拓展金融服务的应用场景和覆盖范围。

（2）开展联名卡、合作贷款等合作项目，共同提升品牌影响力和市场份额。

五、广告与公关策略

1. 广告策略

（1）制定广告总体策略，明确广告主题和创意方向。

（2）选择合适的媒体组合进行广告投放，包括电视、广播、网络、户外广告等。

（3）强调银行金融服务的优势和客户价值，提升品牌形象和知名度。

2. 公关活动

（1）策划并执行一系列公关活动，如品牌发布会、客户答谢会、社会责任项目等，增强公众对银行的认知度和好感度。

（2）利用媒体关系，积极传播银行正面信息，提升品牌声誉。

六、推广费用与效果评估

1. 推广费用计划

（1）制订详细的推广费用预算，包括广告费用、公关活动费用、渠道合作费用等。

（2）确保费用分配的合理性和有效性，实现投入产出最大化。

2. 效果评估与调整

（1）设定明确的营销目标，如新客户增长率、客户满意度、品牌知名度等。

（2）定期评估营销活动的效果，收集客户反馈和数据指标。

（3）根据评估结果，及时调整营销策略和预算分配，持续优化营销效果。

三、金融服务营销策划书撰写技巧

金融服务营销策划书和一般报告有所不同，它对可信性、可操作性以及说服力的要求非常高。要想做出一份出色的营销策划书，仅仅掌握其书写结构是远远不够的。细节决定成败，只有在策划书的书写过程中注意细节性问题，才能使策划书更具实效性。这些细节性问题，我们统称为策划书的撰写技巧，因此提高撰写技巧就成为撰写营销策划书的关键点。

1. 寻找一定的理论依据。要提高策划内容的可信性并使策划内容容易被读者接受，就必须为策划人员的观点寻找理论依据。需要注意的是，理论依据要有对应关系，纯粹的理论堆砌不仅不能提高可信性，反而会给人脱离实际的感觉。

2. 适当举例。在营销策划书中加入适当的成功与失败的例子，既能起到调整结构的作用，又能增强说服力，可谓一举两得。需要指出的是，举例以多举成功的例子为宜，选择国内外先进的经验与做法印证自己的观点是非常有效的。

3. 利用数字说明问题。营销策划书是一份指导金融机构实践的文件，其可靠程度是决策者首先要考虑的。策划书中的任何一个论点都要有依据，因此需要利用各种绝对数和相对数进行比较。同时，各种数字都要有出处，以证明其可靠性。

4. 运用图表帮助理解。运用图表不仅有助于读者理解策划书的内容，而且能够提高页面的美观性。一方面，图表有强烈的直观效果，用图表进行比较分析、概括归纳、辅助说明等非常有效；另一方面，美观的图表设计能调节读者的情绪，有利于读者深刻理解营销策划书。

5. 合理安排版面。营销策划书视觉效果的优劣在一定程度上影响着策划书效果的发挥。安排版面时应考虑的内容包括字体、字号、字与字的空隙、行与行的间隔、插图和颜色等。合理安排版面可以使文案重点突出、层次分明、严谨而不失活泼。

6. 注意细节，消灭差错。消灭差错对营销策划书来说十分重要，却往往被人忽视。如果一份策划书中多处出现错别字，其专业性、权威性就会令人质疑。

 ［扩展链接］

工商银行广告文案

1. 用心保护客户的财产，身边值得信赖的银行。
2. 存之于工，取之于商，投之以慎，资之以信。
3. 出门在外，务工经商，随时存取。
4. 工于服务，商于社会，银于人民，行于世界。
5. 满足您的需求，意在和谐美满，您满意的银行。
6. 工行精神，不忘初心，顾客至上。
7. 34 年坚守，见证您生活品质的飞跃。
8. 工商银行，您关注的银行，关注您的银行。
9. 心有所属，工行在手，心有所系，工行伴您走天下。
10. 信赖中国工商银行，您贴心的理财专家。
11. 昨天、今天、明天，工行伴随您每一天。
12. 携手中国工商银行，您将拥有美好的明天。
13. 心有工行，随心所欲；工商银行，万事无忧。
14. 工资理财信赖谁，工商银行等你来。
15. 商行天下，大工无私，修仁行义，以人为本。

本章小结

1. 金融服务营销策划的概念：金融服务营销策划是策划的一个分支，就是以实现金融机构特定营销目标或解决特定营销问题为中心，系统地、创造性地设计和整合各种营销要素（如价格、产品、广告、现场活动等），有计划地实施谋略，将金融产品或服务销售出去的过程。营销策划通过环境与策略分析，激发创意，创造性地利用企业资源和社会资源，制订可行的营销活动方案，从而改变金融机构现状，达到理想的目标。

2. 金融服务营销策划的特点：金融服务营销策划是一项既具有复杂性又要求系统性，既要求具体性又要求整体性的工作。具有商业性、创意性、时效性、综合性、灵活性、可行性六个特点。

3. 金融服务营销策划的原则：金融服务营销策划不仅是金融机构在竞争中求生存、求发展的管理利器，而且逐渐成为一种核心思维方式。营销策划实施时应遵循效益原则、系统原则、创新原则和人本原则。

4. 金融服务营销策划书撰写原则：金融服务营销策划书的撰写原则包括针对性原则、逻辑思维原则、简洁朴实原则、可操作原则及创新原则。

5. 金融服务营销策划书结构：通常情况下，一份完整的金融服务营销策划书的基本结构包括以下七项：封面、概要、目录、前言、正文（分析市场状况、分析市场机会、确立营销目标、实施行动方案）、结束语和附录。

第四章 金融服务营销环境分析

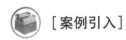 ［案例引入］

空手的智慧

在一个风和日丽的早晨，三位旅行者不约而同地踏入了同一家温馨的小旅馆，为即将展开的旅程寻找休憩之地。晨光中，他们各自准备着出行的装备：一人手持一把坚固的雨伞，以防不测之雨；另一人则紧握一根结实的拐杖，预备穿越崎岖之路；而第三人则是以一种轻装上阵的姿态，仅怀揣着对未知的好奇与谨慎。

日暮西沉，当夕阳的余晖洒满归途，三位旅行者再次聚首于旅馆门前。令人意想不到的是，手持雨伞的旅行者，衣襟半湿，显然在雨中遭遇了不小的挑战；而那位拄拐的旅行者，则是满身泥泞，似乎在泥泞中遭遇了不小的跟跄。反观那位两手空空的旅行者，却是一身干爽，步履从容，仿佛刚刚完成了一场毫无波折的漫步。

见状，前两位旅行者不禁面露疑惑，纷纷向第三人询问其中的缘由。第三人并未直接回答，而是先转向持伞者，温和地问道："你为何打着伞在雨中行走，却依然被雨水打湿了呢？"持伞者苦笑，解释道："我本以为有了这把伞，便能无惧风雨，于是大胆地穿梭于雨中，未曾想雨水依旧从四面八方而来，让我防不胜防。"

接着，第三人又转向拄拐者，同样以询问的口吻道："而你又为何在泥泞中跌倒了呢？"拄拐者叹了口气，回答说："雨天里，我因无伞遮雨，只得寻找遮蔽之处或暂停前行。但在泥泞路段，我过于依赖拐杖，以为它能带我安稳前行，却忽略了脚下的每一步，结果不慎滑倒。"

此时，两手空空的旅行者终于开口，笑声中带着几分豁达与智慧："我深知，无论是雨天还是泥路，都不能单凭外物来保障安全。因此，下雨时我寻找避雨之处，确保自己不被淋湿；路难行时，我则步步为营，细心观察，谨慎前行。正是这样的态度让我既未淋湿也未跌倒。"

这番话，让在场的两位旅行者恍然大悟。原来，真正的智慧与勇气，并不在于拥有多少外在的装备或优势，而在于内心的警觉与对环境的敏锐感知，以及那份无论何时都保持的谨慎与细心。

在复杂多变的商业世界中，每一家企业的繁荣与成长都深深植根于它所依存的社会环境土壤之中。环境的微妙变化，如同自然界的风雨，既能骤然掀起挑战的风暴，对企业造成环境威胁，迫使企业面临经营困境；也能悄然开启机遇的大门，为企业营销管理铺设一条通往成功的金光大道，赋予企业宝贵的市场机会。在此背景下，企业需如同敏锐的生态观察者，时刻保持对营销环境的警觉，洞察世事变迁，灵活调整自身的组织架构、战略规划及市场策略，确保在变局中稳步前行，实现与周遭环境的和谐共生与动态平衡。

市场营销环境这一庞大而复杂的系统，由众多外部力量和因素交织而成，它们虽不直接参与营销活动，却以"无形之手"深刻影响着营销部门的成长，以及企业和目标客户间关系的稳固与深化。因此，深入研究并精准把握这一环境，成为了企业营销活动不可或缺的基石与导航。

对于金融服务营销而言，其舞台同样搭建在广阔的社会政治、经济、文化环境之上。金融机构作为这一舞台上的重要角色，时刻面临着环境变迁带来的双重考验：既是挑战，也是机遇。能否准确识别并有效应对环境变化，直接关系金融机构的兴衰成败。因此，深入理解营销环境的特点，细致分析其对金融机构的各类影响，不仅是提升服务营销效能的关键，更是金融机构在竞争激烈的市场中立于不败之地的根本所在。

 ［案例讨论］

在金融服务营销中，如何精准识别并有效利用市场营销环境中的市场机会，同时有效规避潜在的环境威胁，以实现金融机构的稳健发展与竞争优势？

第一节　金融服务营销环境特点

金融机构应重视对金融市场营销环境的研究和分析，对自己所处的环境状况做出科学合理的评价，这是其适时、适度地调整营销策略，改善环境，促进可持续发展的前提条件。

金融市场营销环境具有以下特点。

一、相关性

金融营销环境不由单一环境因素决定，而是在诸多环境因素共同作用下决定的。如金融产品的价格不仅受客户需求和金融机构供给的影响，而且还受到经济发展与国家货币和财政政策的制约。所以，各因素相互影响的方式和程度都将增加金融机构识别环境因素对其营销活动影响程度的难度和复杂性。金融机构应尽量对影响营销环境的各因素进行全面分析与预测，以便把握环境因素之间的相互作用。

二、差异性

金融机构既受宏观环境影响，也受微观环境影响。宏观环境和微观环境对不同的金融机构将产生不同的影响。当然，同一金融机构在不同时期也会面临不同的营销环境。因此，金融机构应从自身的特点出发，依据市场营销环境的变化，制定适合企业发展的营销策略。

三、动态性

金融机构的营销环境处于变化中，这主要是由于影响营销环境的因素是多方面的，每个因素会随着时间更替和经济发展而不断变化，这就决定了企业对营销环境的适应过程也是一个动态的过程。环境因素对金融机构的影响有大有小、有深有浅，有些可以预料，而大多数变化则难以预料。例如，通过对环境变化程度的分析，金融机构可以判断面对的环境是相对稳定的还是动荡的；通过对环境复杂程度的分析，则可以了解环境因素的数量。因此，金融营销的成败，取决于金融机构对环境变化的认识和适应程度。

四、不可控制性

金融营销环境的动态性决定了其不可控制的特点。比如，国家颁布的法律、法规和政策；人们的意识形态、价值观和社会行为准则、社会风俗习惯；竞争者的营销战略等因素都将对企业营销活动产生不可估量的影响，但企业对这些因素却不具有控制力。因此，金融机构对不可控的环境因素，不仅要主动地去适应，更应采取积极措施，不断创造与开发对自己有利的环境，以便更好地生存和发展。

 ［扩展链接］

2023 年以来银行业经营环境发生新变化

2023 年，中国银行业经营环境正在经历深刻变化，面临着新的机遇和挑战。

首先，随着"十四五"规划的深入实施，银行业的发展迎来了新的机遇。国家明确了金融机构对实体经济的支持方向，并提出了金融改革的方向。在"十四五"期间，金融机构将更加注重科技创新、高端制造、消费升级、城镇建设、民生金融、绿色金融等领域。这为银行业信贷、投行、资管等业务在相关领域的资源投入提供了广阔的发展空间。

其次，宏观经济呈现稳步复苏态势，为银行业经营稳定提供了有力支持。2023 年以来，经济供需端复苏态势持续，社会消费品零售总额同比增长稳健。同时，固定资产投资保持较快增长，尤其是基建、房地产和制造业投资表现强劲。内需回升、外需较旺，需求对生产形成了有力拉动。出口增速也有所加快。

再次，货币政策继续保持稳健，银行业流动性保持合理充裕。人民银行通过公开市场操作等手段，保持市场流动性合理充裕。同时，利率水平保持稳定。

最后，银行业监管态势依然严格，金融科技在审慎探索中发展。监管机构继续加强对银行业风险处置化解、金融科技及互联网金融业务监管等方面的监管力度。同时，对于新兴的金融科技业务，监管机构也在审慎探索中寻求规范发展。

综上所述，2023 年中国银行业经营环境正在发生深刻变化，机遇与挑战并存。银行业需要积极应对环境变化，加强风险防控，提升服务实体经济的能力，以实现更加稳健的发展。

第二节　金融服务营销宏观环境

金融机构宏观环境由以下几个因素组成：政治与法律环境、经济环境、社会文化环境、科学技术环境、人口环境等。

一、政治与法律环境

政治与法律环境的稳定与否是金融机构经营的基础性条件。政治环境是金融机构市场营销的外部政治形势和状况，它分为国内政治环境和国际关系环境。法律环境是指国家或地方政府所颁布的各项法规、法令和条例等，它是金融机构开展营销活动的准则。金融机构只有依法进行各种营销活动，才能受到国家法律的有效保护。

（一）政治局势

政治局势是金融机构营销所在国的政治稳定状况。一国的政治局势是否稳定关系到金融服务营销的成败，稳定的政治局势是金融服务营销成败的保障因素。政局稳定，国泰民安，金融市场稳定，金融机构也就有一个良好的营销环境；反之，政局动荡，战争、罢工不断，生活秩序混乱，则会影响经济发展和人民收入的增长，从而影响人们的投融资活动，给金融营销带来极大的障碍和风险。

（二）国际关系

国际关系是指国家之间的政治、经济、文化和军事等关系，包括世界和平所处的具体状态、本国与其他国家政治经济和商贸往来的密切程度等。金融营销离不开国际环境，随着金融全球化趋势的形成和深化，金融营销的开展也必然注重国家与国家的关系。中国金融市场已逐渐向外资机构开放，外资机构纷纷在我国境内设立分支机构和代表处，经营各类金融业务。与此同时，我国的金融机构也积极拓展海外市场，在许多国家建立自己的营业网点。所以说，如果没有良好的国际环境，国家之间不能保持良好的双边或多边关系，要实现国际金融营销是不现实的。

（三）金融政策

金融政策包括国家的宏观金融政策和地方政府的金融政策，如中央银行制定的政策，或是各金融监管机构颁布的政策、条例等。一个国家的金融政策主要有货币政策、信贷政策、汇率政策等。其中货币政策是中央银行调整货币供需的政策，中央银行传统的货币政策工具包括法定存款准备金率、再贴现率、公开市场业务等。

在不同阶段，国家颁布的经济、金融政策不仅会影响本国金融机构的营销活动，还会影响外国金融机构在本国市场的营销活动。如中央银行实行宽松信贷政策，则会扩大货币供应量，促使商业银行扩大资产负债业务。反之，中央银行实施紧缩的货币信贷政策，货币供应量减少，银行的业务量就会随之减少。由此可见，金融机构对中央银行金融政策的反应必然影响市场的需求和供给，这对市场营销也将带来直接或间接的影响。

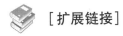 ［扩展链接］

我国的货币政策工具

货币政策工具是中央银行为实现货币政策目标所采用的政策手段。一般性货币政策工具是指法定存款准备金率、再贴现政策和公开市场业务。

一、法定存款准备金率

法定存款准备金率指以法律的形式规定商业银行等金融机构将其吸收存款的一部分上缴中央银行作为准备金的比率。法定存款准备金建立之初的目的是保持银行的流动性，当准备金制度普遍实行，中央银行拥有调整法定准备金率的权力之后，其就成为中央银行控制货币供应量的政策工具。

二、再贴现政策

再贴现政策指中央银行对商业银行持有未到期票据向中央银行申请再贴现时所做的政策规定。再贴现政策包括两个方面：一方面是对再贴现率的决定、调整。这种作用主要着眼于短期，调整货币供应量，由于再贴现率在利率体系中的关键作用，这种调整也具有告示效应。另一方面是对申请再贴现资格的规定。其作用着眼于长期，主要能改变资金流向。

三、公开市场业务

公开市场业务是指中央银行在金融市场上公开买卖有价证券，以此来调节市场货币量的政策行为。中央银行运用公开市场操作，买卖任意规模的有价证券，从而精确地控制银行体系的准备金和基础货币，使之达到合理的水平。此外，公开市场操作没有告示效应，不会引起社会公众对货币政策意向的误解。

公开市场业务是偏重短期操作，主要是缓和因税期、政府债发行、现金投放回笼等因素带来的短期流动性波动。主要的交易品种包括回购交易、现券交易、国库现金定存、短期流动性调节工具（SLO，对回购期限的补充）等。

1. 回购交易。央行回购交易分为正回购和逆回购两种。

正回购为央行向一级交易商卖出有价证券，并约定在未来特定日期买回有价证券的交易行为，正回购为央行从市场收回流动性的操作，正回购到期则为央行向市场投放流动性的操作。

逆回购为央行向一级交易商购买有价证券，并约定在未来特定日期将有价证券卖给一级交易商的交易行为，逆回购为央行向市场上投放流动性的操作，逆回购到期则为央行从市场收回流动性的操作。

2. 国库现金定存。国库现金定存全称为中央国库现金管理商业银行定期存款，是财政部通过招标的方式将国库现金存到商业银行，商业银行以国债或地方政府债券为质押获得存款并向财政部支付利息的交易行为。

3. 短期流动性调节工具（Short - term Liquidity Operations，SLO）。短期流动性调节工具属于公开市场常规操作的补充，主要以7天期以内短期回购为主，简单说就是超短期的逆回购，主要用来调节比7天更短的货币供应和利率。

央行可灵活决定该工具的操作时机、操作规模及期限品种等。SLO 对象一般为公开市场业务一级交易商中具有系统重要性、资产状况良好、政策传导能力强的部分金融机构。

四、新型货币政策工具

2013年以来，人民银行创立了常备借贷便利、中期借贷便利、抵押补充贷款等新型货币政策工具。

1. 常备借贷便利（Standing Lending Facility，SLF）。常备借贷便利的主要功能在于满足金融机构的大额流动性需求，期限以1~3个月为主。当金融机构缺少流动资金时，可以将高信用评级的债券类资产及优质信贷资产等作为抵押，向人民银行"一对一"地申请抵押贷款，那么人民银行就可以借此把货币注入市场，调节市场的短期货币供应量和利率。

人民银行可以通过SLF进行短期利率引导，将其作为利率走廊上限（下限是超额存款准备金率）。当市场利率大于某个值时，人民银行可能会强制使用该工具，阻止同业拆借，转向人民银行贷款。一般在市场流动性特别紧缺时，SLF可以很好地补充流动性。

2. 中期借贷便利（Medium-term Lending Facility，MLF）。中期借贷便利是人民银行提供中期基础货币的货币政策工具，并以此引导中期利率。中期借贷便利采取质押方式发放，金融机构可以通过质押利率债和信用债等获取中期借贷便利工具的投放。作为逆回购和SLF的补充，MLF的期限较长，一般为3个月、6个月和1年。

人民银行每月会进行MLF的常态化操作，发放的MLF临近到期可能会重新约定利率并展期。MLF的目的主要在于促进金融机构向"三农"和小微企业等特定行业和产业发放贷款，政策导向比较明显。

3. 抵押补充贷款（Pledged Supplementary Lending，PSL）。抵押补充贷款是人民银行长期基础货币的投放工具，其初衷是为开发性金融（如国家开发银行）支持棚户区改造等重点项目提供长期稳定且成本适当的资金来源。抵押补充贷款采取质押方式发放，合格抵押品包括高等级债券资产和优质信贷资产，期限是3~5年。

PSL的目标是借助PSL的利率水平来引导中期政策利率，以实现人民银行在短期利率调控之外，对中长期利率水平的引导和掌控。

（四）法律环境

各国都通过颁布法令来规范和制约金融机构的活动。对金融营销法律环境分析的目的在于：一方面，凭借国家制定的各项法律、法规来维护金融机构的正当权益；另一方面，法律是金融机构市场营销活动的基本准则。金融机构在开展市场营销活动的过程中，应自觉接受管理层的监管、依法依规运作、公平竞争、保护客户利益、防范和化解金融风险。为适应金融业的发展需要，政府颁布了一系列法律法规，如《中国人民银行法》《证券法》《担保法》《商业银行法》《信托法》《证券投资基金法》《票据法》《保险法》《贷款通则》等。

我国的金融机构对国内市场营销法律环境分析的主要内容包括国家主管部门及省、自治区、直辖市颁布的各项法规、法令、条例等。金融机构了解法律法规，熟悉法律环境，既可以保证严格按法律法规办事，不违反各项法律法规，有自己的行动规范，同时又能够用法律手段保障自身权益。金融机构营销人员应熟悉和了解有关经济法规、条例。对法律环境的研究，除了要研究各项与国际、国内市场营销有关的法律、规定，研究有关竞争的法律条例外，还要了解监督、管理、服务于企业市场营销活动的政府部门的职能。这样金融机构的营销人员才能全面了解、熟悉企业所处的外部环境，避免威胁，寻找机会。

 ［扩展链接］

互联网基金销售监管

截至2023年，我国互联网基金销售规模已经达到了一个新的高度。根据中国证券监督管理委员会发布的数据，截至2023年6月，我国互联网基金销售规模已经超过15万亿元，占整个基金销售市场的比例超过60%。这一数字比2015年的4.4万亿元增长了数倍，显示了互联网基金销售的迅猛发展。

与此同时，监管机构对互联网基金销售的监管也日益严格。为了保护投资者的利益和维护市场的稳定，监管机构出台了一系列监管政策和措施。这强化了我国互联网基金销售的监管框架，包括法律法规、监管政策和自律规则等。这些框架为监管机构提供了明确的监管依据，并确保了互联网基金销售活动的合规性。

2023年，我国互联网基金销售监管持续加强，以确保金融市场的稳定和保护投资者的利益。

一是实施严格的风险管理。监管机构对互联网基金销售平台的风险管理能力提出了更高的要求。这包括对平台的资本充足率、技术安全、信息披露等方面的要求，以确保平台具备足够的实力来应对潜在的市场风险和操作风险。

二是加强对投资者的保护。监管机构强调了对投资者权益的保护，要求互联网基金销售平台提高投资者的风险意识和权益保障水平。例如，要求平台对投资者进行充分的教育和风险提示，确保投资者了解所投资基金的风险和特点。

三是强化信息披露的透明度。监管机构要求互联网基金销售平台提高信息披露的透明度，确保投资者能够获得全面、准确、及时的信息。这包括要求平台披露基金的净值、收益分配、费用结构等方面的信息，以便投资者做出明智的投资决策。

四是加大违规惩戒力度。对违规的互联网基金销售行为，监管机构加大了惩戒力度。这包括罚款、撤销业务许可、公开谴责等措施，以维护市场的公平和秩序。

总体而言，我国互联网基金销售市场在经历了多年的快速发展后，已经成为了金融市场的重要力量。在监管机构的严格监管下，互联网基金销售市场将更加规范和透明，为投资者提供更加安全和稳健的投资环境。同时，随着技术的不断进步和应用，互联网基金销售市场也将迎来更多的创新和发展机遇。

二、经济环境

金融行业本身就是社会经济中的重要环节，它必然会受到经济环境的影响。经济环境是指金融机构营销活动所面临的外部社会经济条件，其运行状况和发展趋势会直接或间接地对金融机构营销活动产生影响。经济环境的一般研究包括经济发展阶段、消费者收入水平、消费结构、消费者储蓄和信贷的水平等。

（一）经济发展阶段

经济发展水平是金融机构开展营销活动的重要因素。经济发展水平高、市场繁荣，则社会购买力大大增强，银行贷款和储蓄都会增加，金融业务量会不断扩大；反之，经济发展水平低、市场萧条、社会购买力不足，则会导致金融业务量的萎缩。此外，不同产业的发展周期会有很大的差异，这对资金需求有很大影响，进而影响金融业的营销状况，因此，必须认真加以分析。

比较流行的经济发展阶段划分方法是美国学者罗斯托（W. W. Rostow）的经济成长阶段理论，他将世界各国的经济发展归纳为以下五个阶段。

1. 传统社会。处于传统社会阶段的国家，生产力水平低，未能采用现代科技方法从事生产，人们的知识文化水平很低，大部分人为文盲或半文盲，甚至有些地方尚处在自给自足的经济状态中。

2. 起飞前夕。起飞前夕阶段是经济起飞阶段的过渡时期。在此阶段内，现代的科学技术知识开始应用在工农业生产方面，各种交通运输、通信及电力设施逐渐建立，人们的教育及保健也受到重视，只是规模还小，不能普遍施行。这些国家通常会出现收入和财富分配不均，贫富悬殊，中产阶级不多。

3. 起飞阶段。起飞阶段的经济大致已形成了经济成长的雏形，各种社会设施及人力资源的运用已能维持经济的稳定发展，农业及各项产业逐渐现代化。这类国家工业发展具有一定规模，国民生产总值增长比较快，工业占国民生产总值的比重越来越大。

4. 趋向成熟阶段。起飞阶段的后一个时期就是趋向成熟阶段，在此阶段的国家，不但能维持经济的长足发展，而且更现代化的科技手段也应用于经济活动中。此时，消费者的购买动机注重产品特性和服务质量。

5. 高度消费时期。高度消费时期，个人收入猛增，公共设施、社会福利设施日益完善，整个经济呈现大量生产、大量消费状态。在这些国家中，整个社会富有和贫穷的人数极少，大多数消费者属于中产阶级。消费者偏重理智动机，极少有情绪动机。

大致来说，前三个阶段的国家可称为发展中国家，而后两个阶段的国家则称为发达国家。

 ［扩展链接］

经济社会发展主要指标解析

1. 国内生产总值（GDP）。国内生产总值作为衡量一个国家（或地区）经济活动总量的核心指标，反映了该国（或地区）常住单位在特定时间段内（通常是一个年度或季度）所生产并提供的最终商品和服务（包括劳务）的总价值。简而言之，GDP是评估一个国家或地区经济新创造价值的总量，若以国家为单位统计则为国内生产总值，而以地区为单位统计则称为地区生产总值。

2. 国民生产总值（GNP）。与GDP紧密相关但又有显著差异的一个经济指标是国民生产总值（GNP）。GNP聚焦于国内居民（包括个人与单位）在全球范围一定时期内所获得的总收入。两者的差异在于：GDP涵盖在本国境内产生的经济活动价值，而不考虑创造者的国籍；而 GNP 则聚焦于本国居民无论身处何地所创造的经济价值。

3. 人均 GDP。人均 GDP 是衡量一个国家或地区经济发展水平和居民平均经济福祉的关键指标。通常而言，人均 GDP 的增长往往伴随着社会福利水平的提升。国际上普遍采用的标准将人均 GDP 水平划分为不同发展阶段：低于 400 美元为贫困线以下，400 美元至 800 美元为温饱阶段，800 美元至 4000 美元为小康生活，而超过 4000 美元则为富裕水平。

4. 基尼系数。基尼系数是评估社会收入分配平等程度的重要指标，其值域为 0 至 1 之间。这一系数越低，表明社会收入分配越趋近于平等；0 代表绝对平均，而 1 则意味着极端的不平等。国际上公认的基尼系数基准线：基尼系数低于 0.3 表明收入分配状况"优良"，0.3 至 0.4 之间为"正常"范围，超过 0.4 则进入"警戒"区间。一旦基尼系数攀升至 0.6 以上，则预示着社会有面临动荡的风险，处于"危险"状态。

5. 城乡居民收入。城乡居民收入是衡量居民生活水平高低的直接数据。在城镇地区，这一指标以城镇居民人均可支配收入来体现；而在农村地区，则通过农民人均纯收入来反映，两者共同构成了衡量全国居民生活水平的全面视角。

6. 恩格尔系数。恩格尔系数作为衡量居民生活富裕程度的重要标尺，揭示了食品消费在总消费支出中所占的比例。通常情况下，恩格尔系数越高，表明居民在食品上的花费占比越大，生活贫困程度相应越高；反之，系数越低，则意味着居民有更多的资金用于非食品消费，生活富裕程度越高。国际上通用的划分标准为：恩格尔系数超过 60% 为贫困，60% 至 50% 为温饱，50% 至 40% 为小康，40% 至 30% 为富裕，而低于 30% 则被视为最富裕的生活状态。

(二) 消费者收入水平

消费者收入是指消费者个人从各种来源中所得的全部收入，包括工资、奖金、红利、租金、赠予等。消费者对金融产品的购买会受其收入水平的影响。我国人口众多，金融机构的个人业务占据相当大的比重，这些个人业务完全来自消费者的收入，但个人也并非把全部收入都用来购买金融商品和接受金融服务，个人的金融支出只是他们收入的一部分。因此，在研究消费收入时，要注意以下三点。

1. 国民收入。国民收入是经济统计中一个衡量经济发展的十分重要的综合性指标。评估国民收入的一个有效方法是看国民生产总值（GNP）。国民生产总值是衡量一个国家经济实力和购买力的重要指标，从国民生产总值的增长幅度可以了解一个国家经济发展的状况和速度。

2. 人均国民收入。人均国民收入是一个国家一年的收入除以人口的结果。它反映了一个国家公民的平均收入。了解一个国家的人均国民收入对理解该国普通公民的生活水平很有帮助。根据人均国民收入，可以推测该国居民适合消费哪一类金融产品或服务；在什么样的经济水平上形成怎样的金融消费水平和结构会呈现出一般规律性。

3. 个人收入。个人收入是以工资、红利、租金形式以及从其他来源所获得的总收入。个人收入决定了个人和家庭的购买力。该指标可以用来衡量当地消费者市场的容量大小和金融产品吸引力的高低。

个人收入又可分为可支配的个人收入和可任意支配的个人收入。可支配的个人收入是指扣除由消费者个人直接缴纳的各种税款和其他非商业性开支后，用于个人消费和储蓄的那部分个人收入。可任意支配的个人收入即在可支配的个人收入中减去用于维持个人与家庭生存不可缺少的费用（如房租、水电、食物、燃料、衣着等项开支）后剩余的部分。这部分收入是消费需求变化中最活跃的因素，也是金融机构研究营销活动时所要考虑的主要对象。因为个人可支配收入中用于维持生存所必需的基本生活资料的部分一般变动较小，相对稳定，即需求弹性小；而满足人们基本生活需要之外的这部分收入的需求弹性大，可用于购买保险、金融投资产品等，所以是影响金融产品销售的主要因素。

我们要注意收入的分布情况。在许多地区，少部分人的收入大大高于全国平均数，而大部分人则低于这个平均数。在这些地区中，人均收入会引起一定的误解。在这种情况下，营销人员就必须做具体分析，而不能过分依赖人均收入指标。

（三）消费结构

消费结构是指消费者用于各种消费支出的比例。它对金融市场营销有着关键的作用，通常用恩格尔系数来反映这种变化。

消费结构是指在消费过程中，人们所消耗的各种消费资料（包括劳务）的构成，即各种消费支出占总支出的比例关系。消费结构的变化将直接或间接影响产业结构和产品结构的变化。如我国正处于经济转型期，人们的消费结构发生了变化，对娱乐、文化教育和旅游等相关商品和服务的需求在不断上升，正在形成巨大的潜在市场。因此，金融机构应以此为基础开展营销活动。

（四）消费者储蓄和信贷水平

消费者储蓄一般有两种形式：一是银行存款，增加现有银行存款额；二是购买某些有价证券。储蓄长期以来是中国银行业的主要资金来源之一，虽然随着经济发展我国的银行开始认识到中间业务的重要性，但是中国有着十几亿人口，消费者的储蓄观念依然很难改变，存款业务依然是银行目前赖以生存的重要资金来源。影响储蓄的因素有以下四个方面。

1. 收入水平。对于个人或家庭而言，只有当收入超过一定的支出水平时，才有能力进行储蓄。

2. 通货膨胀。当物价上涨，接近或超过储蓄存款利率的增长时，货币的贬值将会刺激消费、抑制储蓄。

3. 市场商品供给情况。当市场上商品短缺或产品质量不能满足消费者需求时，储蓄率上升。

4. 对未来消费和当前消费的偏好程度。如果消费者较注重将来的消费，则他们宁愿现在较为节俭而增加储蓄；如果消费者重视当前消费，则储蓄倾向较弱，储蓄水平降低。

然而，随着人们对资本的理解日益成熟，消费者不仅以货币收入购买他们所需要的商品，还可以通过借款来购买商品，所以消费者信贷也是影响金融机构特别是银行营销活动的一个重要因素。

三、社会文化环境

社会文化环境是指一定社会形态下的社会成员共有的基本信仰、价值观念和生活准则，并以此为基础，形成风俗习惯、消费模式与习惯等社会核心文化、社会亚文化和从属文化。社会核心文化有较强的持续性，社会亚文化比较容易发生变化，从属文化价值观念常能提供良好的市场机会。

社会文化环境包含价值观念、风俗习惯、宗教信仰、审美观念、社会亚文化等生活方式和社会价值因素。因此，金融机构应重视对社会文化环境的调查研究，制定适宜的营销策略。

1. 价值观念。价值观念是人们对社会生活中各种事物的态度、评价和看法，它包括财富观念、时间观念和对待生活的态度等。同样的事物或问题，在不同的社会或不同的人群中会有不同的评价标准，从而对人们的消费行为、消费方式等产生重大影响。例如，西方发达国家与我国在消费观念上有显著的差别：前者崇尚生活上的舒适和享受，追求超前消费；后者则遵循量入为出、勤俭节约的生活准则。因此，不同国家的社会文化，不同价值观念的人群对金融产品和服务的要求是完全不同的，这就需要金融市场营销人员针对不同的客户采取差异化的营销策略，提高营销效率。

2. 风俗习惯。风俗习惯是人们在长期的生活中自发形成的行为模式，是人们根据自己的生活内容、生活方式和自然环境，世代相袭固化而成的一定社会中大多数人共同遵守的行为规范。风俗习惯包括饮食、服饰、居住、婚丧、信仰和人际关系等方面的心理特征、行为方式和生活习惯。不同的国家、民族有着不同的风俗习惯，甚至在同一国家不同地区的群体，都有自己特有的风俗习惯。由于风俗习惯对人们的投资和消费行为会产生影响，因此金融机构在开展市场营销活动时，应研究客户所属群体及地区的风俗习惯，做到"入乡随俗"。

3. 宗教信仰。宗教信仰是一种文化因素，不同宗教内容和形式的多样性，决定了宗教对人们消费行为的影响也是多层次、多角度的。宗教信仰对很多国家和地区的国际市场营销活动影响很大。金融机构要在营销活动中充分认识到宗教信仰对客户的影响，尊重目标市场各方的宗教信仰和观念，充分利用营销契机，巧妙规避风险。

4. 审美观念。美是人类的一种高层次的心理需求，是文化的重要组成部分。不同的国家、民族和地区，由于长期的生活习惯和传统文化的不同，形成了自身独有的审美观念以及对美的不同评价标准。不同地区的人群对于数字、色彩、图案、形体、运动、音乐旋律与节奏以及建筑式样等艺术表现形式的喜好和忌讳，在很大程度上将影响金融产品的设计和营销。

5. 社会亚文化。亚文化又称集体文化或副文化，是与主文化相对应的那些非主流的、局部的文化现象。它是以主文化或综合文化为背景，属于某一区域或某个集体所特有的观念和生活方式。亚文化不仅包含着与主文化相通的价值与观念，也有属于自己的独特的价值与观念。

［扩展链接］

恒丰银行宁波分行：弘扬孝文化，科技赋能老年关怀新篇章

恒丰银行宁波分行积极优化孤寡老人服务，推动实现全体老年人享有基本金融服务的目标。

一、恒丰银行宁波分行成功打造了"恒传慈爱，丰载孝行"的服务典范

宁波分行银行围绕"慈爱传承"与"孝行天下"两大主题，精心策划并实施了一系列服务举措。在营业厅内，特别设立了方言服务窗口，以满足不会说普通话的老年客户的需求；同时，贵宾室也对65周岁及以上的老年人开放，提供舒适的休息环境；此外，还专设了老年人服务区，配备了血压监测仪、应急设施等，并优化了叫号系统，确保老年客户能够优先办理业务，这些举措充分展现了恒丰银行宁波分行对老年客户的关爱与尊重。

二、在科技助老方面，恒丰银行宁波分行也走在了前列

宁波分行推出了手机银行、网上银行的老年人关爱版，以及智慧柜员机、自动柜员机的大字版，让老年客户能够清晰地看到屏幕上的信息，更便捷地操作。同时，在网银体验区还安装了语音识别器、手写板等设备，以方便、舒适的方式帮助老年客户办理网银业务。对于行动不便的老年客户，恒丰银行宁波分行更是提供了"一站式"上门服务，将柜台搬到客户身边，让爱与关怀无处不在。

三、恒丰银行宁波分行还积极开展了"适老乐龄，畅享数字生活"的行动计划

宁波分行通过举办金融知识讲座与实操课程的方式，以生动有趣的形式向老年客户介绍金融科技产品及其带来的便捷支付服务。同时，还利用联学联建党日活动等契机，深入社区、农村、老年大学等地进行金融知识普及教育。此外，在金融知识宣传月等活动中，恒丰银行宁波分行的员工们更是以"面对面""手把手"的方式耐心指导老年客户使用智能终端设备。这些举措让老年客户更好地享受到了数字生活的便利，也让他们感受到了来自恒丰银行宁波分行的温暖与关怀。

四、科学技术环境

以计算机、通信、互联网为基础的现代信息技术，正全面改变着人们的生产、生活方式，电子化渗透到社会的各个角落。金融电子化是金融行业利用现代信息技术改造传统产品，提供更迅速、多功能、远距离、低成本服务的统称。信息技术的普及拓展了金融服务业发展的市场空间。各行业之间、金融市场各主体之间通过计算机联网使市场信息的传播迅速而广泛，许多信息还可以附有金融业务的解释和说明，使社会公众不仅获得了信息，而且学习了交易技巧，从而有利于吸引更多的市场主体。同时，电子技术同通信技术的结合不仅有助于金融信息的国际间传播，大大便利了国际支付和国际金融交易，也有助于全球24小时金融市场经营，有利于全球金融市场一体化的形成。货币市场互助基金的出现，部分原因就是由于美国长途电话费用降低而使证券公司通信费用负

担减轻，计算机则为大规模集中处理情报做出了贡献。

20 世纪 90 年代以来，互联网的迅猛崛起重塑了金融市场的面貌。这场由信息技术驱动的变革深刻影响了金融服务的方方面面，从销售模式的线上化、证券发行的数字化，到金融交易与清算的即时化，每一环节都见证了前所未有的效率飞跃。

随着大数据、云计算、人工智能、区块链等前沿信息技术的不断成熟与广泛应用，金融创新的边界被拓宽。这些技术不仅为新型金融工具的诞生提供了强大支持，还极大地丰富了金融服务的形态与内涵。例如，大数据分析使得金融机构能够更精准地理解客户需求，提供个性化服务；云计算则降低了信息技术的成本，提高了系统的可扩展性和灵活性；人工智能的应用则使自动化交易、智能投顾等成为可能，极大地提升了金融服务的智能化水平；而区块链技术则以其去中心化、透明性和不可篡改性，为金融交易的安全与效率带来了革命性的提升。

信息技术的日新月异改变了金融机构的经营程序和管理方式，更推动了金融行业的深刻变革。它使得金融交易更加便捷、高效，同时也使金融市场的监管与风险防范面临新的挑战。金融机构若想在激烈的市场竞争中立于不败之地，就必须紧跟信息技术的发展步伐，不断创新金融产品和服务，提升金融服务的质量与效率。

因此，对于金融机构而言，拥抱并充分利用信息技术的最新成果，已成为其实现可持续发展的关键所在。通过不断探索与实践，金融机构将能够创造出更多符合市场需求、具有竞争力的金融产品与服务，为金融市场的繁荣与发展贡献更大的力量。

 ［扩展链接］

中国互联网银行发展现状：技术创新引领未来，机遇与挑战并存

目前，我国互联网银行主要由民营银行中的部分银行构成，这些银行通常具有互联网公司的背景。我国的互联网银行共有 8 家，包括微众银行、网商银行、苏宁银行、新网银行、亿联银行、中关村银行、华通银行、众邦银行。这些银行主要基于互联网技术、数据、平台来开展中小企业小额贷款业务以及消费金融业务。

一、资产规模与经营情况

截至 2022 年末，我国互联网银行的资产规模呈现出显著的增长态势，其中 4 家民营银行资产规模突破千亿元大关，分别是微众银行、网商银行、众邦银行和苏宁银行。

然而，互联网银行之间的经营情况也存在一定的分化。除了头部银行外，其他银行的营收和净利润相对较低，且部分银行的资产规模增速有所放缓甚至出现负增长。这反映出在激烈的市场竞争中，互联网银行需要不断创新和提升服务质量，以保持其竞争优势。

二、技术与服务创新

互联网银行在技术和服务创新方面表现较为突出。它们充分利用大数据、人工智能、区块链等前沿技术，提升金融服务的智能化水平。例如，智能客服系统能够 24 小时为用户提供咨询服务，大大提高了用户体验；大数据分析技术则帮助银行更好地了解用户需求，提供个性化服务。此外，互联网银行还积极探索区块链技术在金融领域的应用，如跨境支付、供应链金融等，为金融服务的创新提供了新的思路和解决方案。

三、面临的挑战与机遇

尽管互联网银行在近年来取得了一定发展成绩，但仍面临着诸多挑战。一方面，随着金融监管政策的不断趋严和市场竞争的加剧，互联网银行需要不断提升自身的合规能力和风险管理水平；另一方面，随着数字经济的快速发展和消费者需求的不断变化，互联网银行需要不断创新金融产品和服务模式，以满足市场的多元化需求。

同时，互联网银行也面临着巨大的发展机遇。随着"数字中国"建设的深入推进和金融科技的不断创新应用，互联网银行将有望利用自身的技术优势和创新能力，推动金融服务的普惠化、便捷化和智能化发展，为实体经济提供更加高效、优质的金融服务支持。

五、人口环境

人口是构成市场的首要因素，也是营销人员关注的环境因素。人口规模决定了金融机构的市场规模，人口的结构变化也决定着金融机构的结构变化，因此，人口状况将直接影响金融机构的营销战略和营销管理。金融机构在进行营销规划、开展销售活动时，需要充分、细致地分析一国或地区的人口状况，包括人口数量、人口结构、人口分布等因素。

（一）人口数量分析

人口数量是决定市场规模的一个基本要素。人口绝对量的增减（即人口规模的大小）虽说只是从数量上影响金融机构的业务量，但由于人口的数量增减会导致社会消费的总体增减，进而促进或者阻碍消费品生产企业的业务发展，因此最终还是体现在这些企业的金融业务量的增减上。金融营销首先要关注所在国家或地区的人口数量及其变化，通过人口出生率、人口死亡率等指标，确定现在市场规模和预测未来市场规模。

（二）人口结构分析

1. 年龄结构。金融机构通过了解不同年龄结构的需求特点，可以决定金融产品的投向，寻找目标市场。目前，我国正呈现人口老龄化的趋势，金融机构在进行市场人口环境因素分析时，必须对这一新的趋势加以充分重视。一般来说，老年人口对高风险金融产品趋于回避，而对储蓄、养老保险和医疗保险等金融产品投入意愿较强。因此，金融机构对老年人的营销活动最好能体现方便、简捷和稳定的特点。

2. 教育与职业结构。人口的受教育程度与职业结构不同，对金融产品的需求也不同。随着我国高等教育普及规模的扩大，人口的受教育程度普遍提高，收入水平也逐步增加。人口教育水平的高低影响着金融营销策略的选取，所以金融机构的营销活动必须从各地受教育水平的实际出发。

3. 家庭结构。家庭作为商品购买与消费的核心单元，其数量与平均成员规模不仅是社会经济结构的基石，更是金融服务营销策略制定中不可忽视的关键因素。一个国家或地区内家庭单位的密集度及家庭规模的差异，直接塑造了特定金融产品与服务的市场需求格局。

在金融服务营销领域，深入理解并精准把握家庭结构特征显得尤为重要。金融机构需敏锐洞察不同家庭类型（如单身贵族、双职工家庭、多代同堂家庭等）的独特消费需求与偏好，从而定制化推出金融产品与服务，如家庭贷款、教育储蓄计划、养老保险方案等，以满足从个人理财到家庭财富管理的全方位需求。

此外，随着金融科技的发展，金融服务营销正逐步实现数字化转型与个性化升级。金融机构可借助大数据、人工智能等先进技术，对家庭消费行为进行深度分析，预测未来金融需求趋势，进而实施精准营销。通过线上平台、社交媒体等多元化渠道，金融机构能够更直接、更高效地触达目标客户群体，提供便捷、贴心的金融服务体验。

4. 社会结构。我国作为农业大国，农村人口依然占据着庞大的比例，尽管近年来随着城市化进程的加速，该比例有所缩减，但农业人口仍占总人口的显著部分。这样的国情特点，对金融机构的市场营销策略提出了明确的导向：必须深入洞察并充分发掘农村市场的巨大潜力与独特需求。

在乡村振兴战略的引领下，农村地区的经济活力日益增强，居民收入水平稳步提升，消费观念逐步转变，为金融服务提供了广阔的发展空间。金融机构需顺应这一趋势，不仅要在产品设计上更加贴近农村实际，提供符合农民生产生活需求的金融服务，如小额信贷、农业保险、移动支付等，还要在营销渠道上实现创新，利用互联网、移动应用等现代信息技术手段，打破地域限制，将金融服务延伸至每一个需要的角落。

同时，金融机构还应注重提升服务质量，加强农村地区的金融知识普及，增强农民的金融素养和风险防范意识，让金融服务更加贴近民心、惠及民生。通过这一系列举措，金融机构不仅能够有效拓展农村市场，实现自身的可持续发展，更能在促进农村经济社会全面进步中扮演重要角色，贡献自己的力量。

（三）人口分布分析

人口分布是指人口在地理分布上的区别，不同地区人口的密集程度有差异。各地人口的密度不同，则市场大小、消费需求特性等都会不同。我国人口地理分布特点是城市人口比较集中、大中型城市人口数量较多，中部和南部广大地区人口相对稠密。金融机构可以根据不同地区的人口分布特点，决定向某些地区提供金融产品的数量与结构、采取何种分销策略，以及分支机构、营业网点的总体分布和设置。我国有一个突出的现象就是农村人口向城市流动，内地人口向沿海经济开放地区流动。金融机构应关注这些地区消费需求量的增加，以及消费结构发生的变化，提供更多能满足这些流动人口需求的金融产品，从而顺应人口分布特征及流动趋势。

第三节　金融服务营销微观环境

微观环境是指对企业服务其顾客的能力构成影响的各种力量，包括企业本身及其市场营销渠道、市场、竞争者和各种公众。金融营销的微观环境是指金融机构在营销过程中所面临的企业内外环境的总和，微观营销环境是直接制约和影响企业营销活动的力量和因素。企业必须对微观营销环境进行分析。分析微观营销环境的目的在于更好地协调企业内部及企业与相关群体的关系，促进企业营销目标的实现。

金融机构的营销部门通过创造顾客价值和满意度来吸引顾客并建立与顾客的联系。但是，营销部门仅靠自己的力量是不可能完成这项任务的，还要依赖与金融机构微观环境相关的其他因素，这些因素包括金融机构的内部环境、供应商、竞争对手、外围服务提供者、最终客户和社会公众等。

一、金融机构的内部环境

（一）金融机构的宗旨和任务

金融机构的核心宗旨在于服务实体经济、满足社会金融需求以及促进金融稳定与发展。

1. 服务实体经济。金融是实体经济的血脉，为实体经济服务是金融的天职和宗旨。金融机构应坚持把服务实体经济作为出发点和落脚点，通过提供融资、支付结算、风险管理等金融服务，支持实体经济的发展和转型升级。

金融机构应合理配置金融资源，将资金更多地投向经济社会发展的重点领域和薄弱环节，如小微企业、"三农"、科技创新等领域，解决这些领域融资难、融资贵的问题，为实体经济注入活力。通过优化金融产品和服务，降低社会综合融资成本，提高实体经济的融资效率，促进实体经济的健康发展。

2. 满足社会金融需求。随着经济的发展和社会的进步，社会对金融的需求日益多样化。金融机构应不断创新金融产品和服务，满足个人、企业和政府等不同主体的金融需求。金融机构应积极推进普惠金融发展，扩大金融服务的覆盖面和可得性，让更多的人享受到便捷、高效的金融服务。

同时，金融机构应重视消费者权益保护，加强金融知识普及和风险提示，提高消费者的金融素养和风险防范能力。

3. 促进金融稳定与发展。金融机构应建立健全风险管理体系，加强风险识别、评估、监测和应对能力，确保金融业务的稳健运行。严格遵守国家法律法规和监管要求，合规经营，防范和化解金融风险。此外，金融机构应积极推动金融创新，运用金融科技手段提升金融服务效率和水平，促进金融业的持续健康发展。

（二）金融机构的战略目标

金融机构对所处市场的宏观与微观环境进行分析后，依据企业的宗旨和任务，确定适应企业自身发展的战略目标。

1. 盈利能力：用利润、投资收益率、每股平均收益和销售利润等来表示。

2. 市场：用市场占有率、销售额或销售量来表示。

3. 效率：用投入产出率或单位产品成本来表示。

4. 产品：用产品线或产品的销售额和盈利能力，开发新产品的完成期来表示。

5. 服务：用客户满意度、老客户维持率和新客户增长率等表示。

6. 资金：用资本构成、新增普通股、现金流量、流动资本和回收期来表示。

7. 基础设施：用工作面积、固定费用或生产量来表示。

8. 组织：用将实行变革或将承担的项目来表示。

9. 人力资源：用缺勤率、迟到率、人员流动率、培训人数或将实施的培训计划数来表示。

10. 社会责任：用活动的类型、服务天数或财政资助来表示。

（三）其他内部环境分析

金融机构要综合考虑其运营领域、经营目标与自身财务资源，在制定营销策略时避免成本耗费过大、得不偿失，这方面的分析可以从以下角度选择。

1. 价值链分析。根据价值链分析的原理，分析金融机构的主体活动和支持活动，重点关注各价值活动之间的联系与整合，以及资源在各个价值活动环节的利用、配置、控制，以保持其在行业中的竞争优势。

2. 核心竞争力分析。金融机构的核心竞争力是指金融机构在市场竞争中，通过其独特的资源、能力、技术和知识等组合，所形成的难以被其他机构轻易模仿或替代的竞争优势。这种竞争力是金融机构长期稳健发展的基石，也是其在市场中保持领先地位的关键因素。

具体来说，金融机构的核心竞争力主要包括风险管理能力、资产管理能力、金融服务能力、技术创新能力、人才培养和团队建设、品牌影响力等。

3. 资源分析。金融机构资源分析是从全局来把握资源结构、分配和组合方面的情况。它不仅形成了金融机构的经营结构，也是构成企业实力的物质基础。机构资源的现状和变化趋势是制定总体战略和进行经营领域选择最根本的制约条件。

4. 活力分析。金融机构活力是指其作为有机体通过自身能力在与外界环境交互作用的良性循环中，所呈现出来的自我发展的、旺盛生命力的状态。

金融机构的活力可以用四个指标来表示：获得能力、生长能力、适应能力和凝聚能力。运用这些指标可以对企业的活力状况进行分析和诊断，找出薄弱环节，对症下药，提高机构活力，有效地发挥机构的整体能力。

5. 利益相关者分析。金融机构的利益相关者包括其他金融机构、客户、供应商、股东、工会等。由于利益相关者所代表的利益不同，它们的期望必然有所不同。这就需要战略制定者了解和分析不同利益相关者的期望，并根据它们的重要性各自分配权重。

6. 机构内其他部门分析。在制订营销计划时，营销部门应兼顾与其他部门的关系，如最高管理层、财务部门、研发部门、行政后勤部门、业务职能部门、分支机构等。所有这些相互关联的部门构成了机构的内部环境（见图4-1）。

图4-1　营销部门内部关系图

最高管理层：制定公司的目标、总战略和策略。营销部门依据最高管理层的规划来做决策，营销计划也必须经最高管理层的同意才可实施。

财务部门：共同制定营销预算，确保资金使用的合理性和透明度。提供的财务数据和分析结果，用于评估营销活动的投资回报率和成本效益，为后续的营销决策提供数据支持。

研发部门：了解研发部门的新产品开发和改进计划，以便在营销计划中纳入相关推广策略和市场定位。将市场反馈和需求信息传递给研发部门，帮助其更好地了解市场趋势和客户需求，从而指导产品研发方向。

行政后勤部门：确保营销活动的后勤支持（如场地租赁、物资采购、物流配送等）得到妥善安排。加强与其他部门的日常沟通，确保营销计划的实施不会受到内部流程或资源分配的限制。

业务职能部门：共同制定销售策略和渠道开发计划，确保营销活动与销售活动相互促进。了解客户服务部门的工作流程和客户需求，以便在营销活动中提供更加精准和贴心的服务。

分支机构：与客户达成交易并维持客户关系的市场前端。

这些部门都对营销部门的营销目标产生影响。营销部门应起到协调各部门行动的核心作用，让这些部门都做到"想顾客所想"，协调一致行动，为客户提供优质的产品和服务，提高客户满意度，完成营销项目预期目标。

二、供应商

供应商是向企业及其竞争对手提供为生产特定的产品和服务所需的各种资源的工商企业和个人。尽管金融机构属于服务业，但也有赖于供应商去实现自身目标。

能使金融机构更好地为客户提供服务的企业就是金融机构的供应商，如印制企业为金融机构提供各类印刷品；设备制造商为金融机构提供各类专业设备，如 ATM、计算机、点钞机和复印机等；还有其他诸如文具供应商、公用事业供应商和房地产供应商等，金融机构依靠这些企业以合理的成本快速准确地满足客户的需求。因此，供应商情况的变化会对金融机构的营销活动产生巨大的影响。对于金融机构来说，应尽量避免对某一家供应商的过分依赖，以免受到供应商任意提价或限制供应的影响，或者供应商的不可控制事件也可能严重地影响企业的营销管理。同时，采购代理人应设法与一些主要的供应商建立起长期的供销关系，以便在有特殊要求和议价时获得支持。

三、竞争者

在市场经济条件下，金融机构从事营销活动不可避免地会遇到竞争者的挑战。对竞争者的基本情况和特征进行分析，是金融机构进行市场营销的客观要求。对竞争者环境的分析主要从竞争者的数量、竞争者的市场份额及竞争者的营销策略三个方面入手。

1. 竞争者的数量。金融机构的数量及其活动的频率是金融机构营销活动成功的关键因素。在市场需求稳定时期，提供同类产品和服务的金融机构越多，则单个金融机构的市场份额就可能越少。

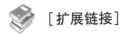

[扩展链接]

竞争者类型

一、愿望竞争者

愿望竞争者指提供不同金融产品以满足不同需求的竞争者。如何促使客户将资金用于金融机构自己提供的服务和产品上，而不用于其他金融机构的服务和产品上，这就是从愿望竞争者的角度来理解的一种竞争关系。例如，商业银行促使客户将资金存入本银行而不是用于购买证券或委托投资。

二、平行竞争者

平行竞争者指提供能够满足同一需求的不同产品的竞争者。例如，商业银行、政策性银行与农村信用社等金融机构之间就存在这种竞争关系。

三、产品形式竞争者

产品形式竞争者指提供同种产品或服务，但品种不同的竞争者。例如，商业性贷款，由于期限结构、利率结构不同，形成了不同的品种。

四、品牌竞争者

品牌竞争者指产品、品种、规格和型号相同，但品牌不同的竞争者。例如信用卡，无论是工商银行的牡丹卡、中国银行的长城卡、建设银行的龙卡还是农业银行的金穗卡，其规格和使用要求都要符合监管机构关于银行卡的有关规定，但品牌不同。

2. 竞争者的市场份额。市场份额是指目标市场在各竞争者之间的划分份额。对金融机构来说，市场占有率的高低体现了其经营规模和实力，也反映了其竞争能力的大小，市场占有率越高，竞争力越强。例如，我国保险市场中，中国人寿、中国人保、平安保险、太平洋保险和新华人寿五大保险公司的市场份额总计超过75%。由此可见，我国的保险市场结构仍以中资保险公司占据市场的绝对主导地位，而外资保险公司则仍然处于相对弱小的地位。

3. 竞争者的营销策略。竞争者的营销策略直接关系其对客户的影响力，而对客户的影响力正是所有金融机构争夺的焦点。通过对竞争者营销策略的全面分析，了解其形象和信誉，根据自身特点和优势，选择不同于或相似于竞争对手的营销策略，提高企业营销战略的有效性。金融机构只有采用适当的营销策略，才能克服竞争者的干扰和影响，打出品牌、突出特色，加强自身的市场地位。重视竞争者环境分析，搜集竞争者的信息情报，随时了解和掌握竞争者的经营状况，这些都直接关系到金融市场营销策略的选择和运用。

四、外围服务提供者

外围服务提供者帮助金融机构将其产品促销、销售并分销给最终购买者。它们包括财务咨询公司、律师事务所、资产评估公司、信用卡服务公司、财产保险公司、物流仓储公司等。它们对金融机构的营销活动产生直接影响。但由于它们的具体作用和所处地位不同，因而影响程度不同。值得注意的是金融服务外包业务的兴起，使外围服务提供者的地位和作用发生了很大变化。发达国家的金融机构越来越多地将原来自行承担的业务转交外包服务商完成，以降低成本及实现战略目标，其中涉及的领域包括信息技术（如应用开发，编程及译码）、专业运作（如某些金融、会计领域，后台业务及处理、管理活动）、执行合约功能（如客服中心），从而把现有的资源集中到核心业务上去，形成自己的核心竞争力。外包服务商或是金融集团内的附属实体，或是集团以外的实体。

最早的金融业务外包发生在 20 世纪 70 年代，证券行业的金融机构为节约成本，将一些准事务性业务（如打印及存储记录等）外包。20 世纪 80—90 年代，在成本因素及技术升级的推动下，外包交易的规模已相当可观并涉及整个信息技术（IT）行业。随后，外包出现在人力资源等更多的战略领域。同期出现了一种名为业务处理外包（BPO）的新形式，这是一种点到点（end - to - end）的商业链外包。在业务处理外包中，金融机构与服务商的关系也由传统的服务提供转变为战略合作。外包的另一个趋势是"离岸化"，即将业务外包到境外。许多跨国公司试图通过建立离岸交易及服务中心来提高公司整体效率。金融机构除将业务外包给服务商外，也会把一些业务交由海外附属机构来完成。印度成为承接发达国家金融服务外包量最大的国家。中国也被视为开展金融外包的理想地区。

我国沿海发达地区曾利用产业调整的机会，积极发展金融外包承接业务，并通过优惠政策吸引离岸外包落户。这些政策包括但不限于降低所得税税率（如部分地区可能提供低于标准税率的优惠政策）、免征或减免营业税、提供员工前期培训费补贴等。这些政策措施有效促进了金融服务外包行业的快速发展。

五、最终客户

客户是金融机构营销活动服务的对象，是企业一切活动的出发点和归宿，也是金融机构的目标市场。金融机构的客户可以分为个人客户和企业客户两个部分。金融机构的业务分为个人业务和公司业务两个部分。由于个人与企业在业务范围以及规模上的巨大区别，金融机构往往在统一的营销战略指导下，对不同的客户类型和客户营销环境分别制定不同的营销策略。客户的需求与偏好是金融机构研究微观环境的重要组成部分。不同的客户具有不同的需求，为满足客户的多样化需求，金融机构提供的产品必须具有差异性与灵活性。

1. 个人客户。随着金融行业竞争日趋激烈及我国个人财富的积累，对金融机构来说，要想抓住个人客户的特点，分析他们的喜好和消费习惯，从而争夺更多的个人客户，做好个人客户的营销显得更加重要。金融机构可以针对人们不同的需求层次，推出相应的金融产品和服务。如果能够根据顾客的偏好设计具有创新的营销手段，无疑将会提高销售量，达到出奇制胜的效果。

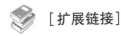[扩展链接]

平安人寿"三经四纬"体系：精准定位，创新服务

平安人寿精准瞄准差异化需求，创新性地构建了以"高端康养、居家养老、健康管理"为经线，以"御享、盛世、智盈、如意"四大产品为纬线的"三经四纬"品牌产品体系，这一体系不仅展现了平安人寿在保险行业的深度洞察，也体现了其对客户需求的细致关怀。

四大产品系列的划分，是平安人寿精准服务客户差异化需求的体现。从"如意"系列的经济实惠到"御享"系列的高端定制，每个系列都紧密贴合了特定客户群体的实际需求，为他们量身打造了适合的保障方案。这种以客户为中心的产品设计理念，无疑增强了客户对平安人寿的信任和忠诚度。

在康养服务方面，平安人寿通过专属健康管理计划、一站式居家养老服务以及"臻颐年"康养品牌的推出，成功打造了一个全方位、立体化的康养服务体系。这一体系的建立，不仅提升了客户的整体生活质量，也进一步巩固了平安人寿在保险行业的领先地位。

2. 企业客户。相较于个人客户，企业客户所涉及的金额比较大，且其所要求的业务种类和业务范围也比个人客户更加丰富。金融机构应该对不同的企业客户开发出适应其需要的不同产品。

[扩展链接]

浦发银行科创金融服务体系：全生命周期护航，助力科创企业腾飞

浦发银行以其前瞻性的科创金融服务体系，精准对接科创企业全生命周期的融资需求，展现了金融服务创新与实体经济深度融合的典范。该体系融合"商行＋投行"、"境内＋境外"及"融资＋融智＋融技＋投资"多元化策略，并灵活运用"股、贷、债、保"综合金融工具，为科创企业从初创萌芽到上市壮大的每一步提供定制化支持。

在初创期，浦发银行推出的孵化贷、科技快速贷及科技补贴贷等产品，通过精准分析企业订单、政府资质等基础信息，迅速提供小额信用贷款，有效缓解了初创企业的资金饥渴。

进入成长期，企业面临业务扩张的资金瓶颈，浦发银行则适时推出万户贷、投贷宝、科技履约贷等金融方案，如同坚实的后盾，助力企业稳健前行，实现业务版图的快速拓展。

而在上市前期这一关键阶段，浦发银行更是以科技含权贷和上市贷等高额度、长期限的信用贷款产品，为科创企业上市前的冲刺提供强大动力，确保它们能够迈过这道关键的门槛。

尤为值得一提的是浦发银行对专精特新企业、高新技术企业的特别关注，通过专精特新"小巨人"信用贷、专精特新贷及"线上"科创快贷等专项产品，进一步细化了服

务颗粒度，精准对接重点科创客群需求，为它们的快速发展插上了"翅膀"。

以浙江杭可科技股份有限公司为例，浦发银行在其成长道路上扮演了不可或缺的角色。从解决资本金汇入难题，到逐步提升授信额度，再到上市前夕的紧急增信，浦发银行始终与杭可科技并肩作战，见证了其从新生到壮大的每一个重要时刻。如今，双方的合作已深化至国际结算、代发工资等多个领域，形成了紧密的共生关系。

金融服务的本质在于精准对接实体经济的需求，通过不断创新与优化服务模式，为企业的成长与发展提供强有力的支撑。浦发银行的实践无疑为金融机构如何更好地服务科创企业提供了宝贵的经验与启示。

六、社会公众

社会公众是指对金融机构实现其目标的能力感兴趣或有影响的任何团体，可分为以下七类。

1. 金融同业。其他金融机构如银行、证券公司、保险公司、投资公司、财务公司等的统称，它们影响一个金融机构从外部获得资金的能力。股东作为公司的投资者，是金融机构内部资金的重要来源。

2. 媒体。媒体由发表新闻、特写和社论的机构组成，主要包括报纸、杂志、电台和电视台等。

3. 政府。政府的活动是金融机构必须关注的。营销人员必须经常就金融产品的风险性、广告真实性及其他事项，向律师咨询合法和合规性。

4. 社会组织。社会组织包括消费者组织、环境组织、少数民族组织等维护某一类人群权益的民间团体，它们可能对金融机构的营销策略提出质疑；还有行业协会性质的社会组织。金融机构的公关部门应专门负责维护好与这些组织的关系。

5. 社区居民。围绕在每个金融机构附近生活工作的居民。大型金融机构通常会指定一个专门的社区关系负责人来与社区打交道，如参加社区会议、回答居民咨询和给公益事业捐款等。

6. 一般公众。一般公众指与金融机构不具有直接联系的居民。金融机构应注意自身的公众形象，了解一般公众对其产品和活动的态度。

7. 内部公众。内部公众包括董事会、经理和员工等。大型金融机构往往用内部通信和其他手段给内部公众传递信息，鼓舞斗志。当员工对自己就职的金融机构感觉良好时，他们的积极态度会传递给外界。

金融机构在制订针对顾客的营销计划的同时，也应制订对其主要社会公众群体的营销计划，尽管他们可能不是金融产品和服务的直接购买者。如果金融机构希望从某个特定的社会公众群体那里得到回应，如信任、赞扬、时间和金钱的帮助，就需要针对这个公众群体制订一个具有吸引力的计划以实现其目标，如捐资助学计划、环保行动计划、体育赞助计划等，塑造自身社会责任形象，以获取公众的信任和好感。

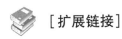[扩展链接]

长安信托：以公益之光点亮乡村教育，树立金融机构责任典范

长安信托以实际行动诠释了"金融向善"的深刻内涵。该公司通过其设立的"长安慈——爱心献三秦·教育助学公益慈善信托"捐赠 3 万元至陕西妇女儿童发展基金会，专项用于优化乡村儿童阅读环境，为柞水县 12 所学校带来了 20 套涵盖新课标的图书及 3 个温馨的小候鸟书窝，极大地丰富了孩子们的精神世界，为乡村教育注入了新的活力。这一善举不仅是物质上的援助，更是精神食粮的播撒，体现了长安信托对乡村儿童成长的高度重视与深切关怀。

长安信托及其员工通过设立慈善信托这一创新方式，持续聚焦教育公益，展现了企业社会责任的担当与温度。截至 2022 年 3 月，长安信托已成功备案成立 9 单以促进教育均衡发展为核心的慈善信托项目，覆盖从高等教育到基础教育的广阔领域，特别是针对乡村教育资源的薄弱环节，精准施策，有效缓解了乡村儿童"读书难、读好书难"的问题。

尤为值得称道的是，"山间书香"作为长安信托长期坚守的公益品牌，已成为连接城市与乡村、知识与梦想的桥梁，不断为偏远地区的孩子们送去知识的光芒与生活的温暖。

长安信托的公益行动是对"企业公民"理念的生动诠释。在追求经济效益的同时，不忘回馈社会，用实际行动支持教育事业发展，体现了企业的社会责任感和使命感。

本章小结

1. 金融服务营销环境特点：金融市场营销环境具有相关性、差异性、动态性、不可控制性等特点。

2. 金融服务营销宏观环境：金融机构宏观环境由几个因素组成：政治与法律环境、经济环境、科学技术环境、社会文化环境、人口环境等。

3. 金融服务营销微观环境：金融服务营销微观环境是指对企业服务其顾客的能力构成影响的各种力量，包括企业本身及其市场营销渠道、市场、竞争者和各种公众。金融服务营销微观环境具体包括金融机构的内部环境、供应商、竞争者、外围服务提供者、最终客户和社会公众。

第五章 金融服务目标市场营销

为了在激烈的市场竞争中取胜，当一家金融机构决定进入某一市场时，通常不会将市场的所有客户都作为自己的目标客户。因为市场人数众多且需求各异，而金融机构的资源是有限的。所以，金融机构往往会在对该市场进行调研分析的基础上，将自身更擅长、更具优势的产品或服务投放给某一部分人群，这部分人群就是目标客户，其所在的市场就是细分市场，即目标市场，在目标市场进行的营销就是目标市场营销。目标市场营销主要包括市场细分、目标市场选择和市场定位三个方面的内容。市场细分的目的是选择目标市场，选择合适的目标市场之后，就可以进行准确的市场定位，选择最适合金融机构发展的营销策略。

第一节 金融服务市场细分

 ［案例引入］

浙江泰隆商业银行：深耕小微金融，普惠之路上的坚实守护者

浙江泰隆商业银行（以下简称泰隆银行）作为一家深耕本土、独具特色的股份制城市商业银行，自创立之初便聚焦于"小微企业的贴心伙伴，普惠金融的践行者"这一角色定位。它摒弃了追逐大型企业的传统路径，转而将目光投向小微商户与创业者。

泰隆银行面对小微企业"小而散、广而杂"的特性，采取了精准施策的策略：一方面，实施深度"下沉"战略，将服务触角延伸至小微企业密集的社区、乡村及城乡接合地带，实现了金融服务的"最后一公里"覆盖，让金融活水真正灌溉到田间地头、社区深处与工厂车间；另一方面，创新性地推出"三品三表"评估体系与"三三制"① 高效响应机制，以人性化、高效化的方式评估客户信用，确保小微企业的融资需求得到及时响应与满足。

泰隆银行自成立以来，已助力近2000万人的创业与就业梦想照进现实，成为创业青年、外来务工者及下岗工人实现经济自立与社会价值的重要推手。这份社会贡献，让泰隆银行多次获得"小微企业金融服务先进单位"的殊荣，彰显了其在普惠金融领域的贡献与影响。

---

① "三品"即客户的人品、产品和物品，"三表"即客户的水表、电表和海关报表。"三三制"即新客户贷款三天之内给予答复，老客户三小时之内给予答复。

［案例讨论］

面对日益激烈的市场竞争，浙江泰隆商业银行是如何发现市场机会并逐步形成了自己的特色，从而赢得一片蓝海的，其有哪些经验值得借鉴？

一、市场细分的概念

市场细分的概念是美国市场学家温德尔·史密斯（Wendell R. Smith）于 1956 年提出来的。金融市场细分是指金融机构根据客户之间需求的差异性，把整个金融市场的客户按一种或几种因素加以区分，使区分后的客户需求具有相同或相似的特点，以便金融机构针对不同需求的客户制定营销战略和营销策略，从而实现金融机构的经营目标。金融机构通过市场细分，选择最有利可图的目标细分市场，集中有限资源，制定有效的竞争策略开展竞争，以便取得和增加竞争优势，实现利润最大化的目标。

市场细分的基本前提是客户需求的差异性和金融机构资源的有限性，其过程实际上就是市场调研和分析的过程。金融机构根据客户需求的不同，把市场划分为不同的客户群，以便制定与特定市场相适应的金融产品或服务的营销战略，其本质是把区分客户群及其需求作为金融机构营销的手段。

二、市场细分的作用

1. 发现机会，选择市场。通过市场细分，金融机构不仅可以了解不同客户的需求情况，还可以了解细分市场中其他竞争者的营销实力以及市场占有率，使金融机构能够扬长避短，发现潜在的市场需求，选择最有利于自身发展的目标细分市场。

2. 集中资源，发挥优势。通过市场细分，金融机构可以在激烈的市场竞争中把握住机会，为自身选择有利的细分市场，将有限的人、财、物等资源投入该细分市场，做到内部资源的优化配置，发挥竞争优势，从而取得最佳的经济效益。

3. 增强营销策略的有效性。通过市场细分，金融机构密切关注目标市场的动态，并能根据市场的变化及时准确地对营销战略进行相应调整，以增强目标市场营销策略的有效性，从而掌握市场竞争的主动权。

三、市场细分的原则

1. 可衡量性。可衡量性是指用来描述细分市场特征的细分标准是可以衡量的，而且据此细分出来的各个细分市场的规模和购买力水平也是相对确定的。如消费者年龄、收入和消费水平等，这样才能更好地区分不同的子市场。

2. 可进入性。可进入性是指金融机构在现有的资源条件下，通过适当的营销策略进入细分市场，并为该市场提供有效的金融服务的可能性。

3. 可盈利性。可盈利性是指细分市场的规模应具备足以盈利的潜力，即细分市场必须要有足够的业务量，使金融机构能够盈利，且未来的市场容量会稳步增长。

四、市场细分的依据

按照参与金融交易主体的性质，金融机构客户可以分为个人客户和公司客户两大市场。金融机构的个人客户是指与金融机构有业务关系的个人或家庭。金融机构对个人客户的业务主要是以合理安排客户的个人财物为目的，为之提供存取款、个人贷款、保险、投资理财、信息咨询等业务。金融机构的公司客户主要是指与金融机构有业务关系的企事业单位以及政府机关等，其中以企业单位为主体，公司客户能为金融机构带来大量的存款、贷款和中间业务，是金融机构利润的重要来源。

（一）个人客户市场的细分

1. 按地理因素细分。地理因素主要是指与个人客户相关的地理位置和地理环境，包括地理区域、地形、气候、人口密度、风俗习惯、生产力布局、交通运输及通信条件等。按照地理因素细分，个人客户市场大体可以分为城市、乡镇和农村，发达地区、中等发达地区和落后地区，大、中、小城市，国内和国外等。

2. 按人口因素细分。人口因素包括年龄、性别、收入、职业、受教育程度、家庭规模、家庭生命周期等。如按照收入因素细分，个人客户市场大体可以分为高、中、低三个收入阶层。按照家庭生命周期因素细分，个人客户市场大体可以分为单身期、新婚期、满巢期、空巢期和孤独期五个阶段。

 ［扩展链接］

家庭生命周期与个人客户市场细分：五大阶段深度解析

在市场营销与金融服务领域，深入理解并精准定位目标客户群体至关重要。按照家庭生命周期这一维度，个人客户市场可以细致地划分为五个主要阶段：单身期、新婚期、满巢期、空巢期以及孤独期。每个阶段都伴随着不同的生活状态、财务需求及消费偏好。

单身期：此阶段通常指个体独立生活，未组建家庭。在这个阶段，个人客户往往更加注重个人发展、休闲娱乐及社交活动，同时也在为未来的职业规划与财务安全打下基础。因此，针对单身期客户的营销策略应侧重于提供灵活多样的金融产品（如储蓄账户、信用卡）、个性化的保险方案以及符合其生活方式的消费服务（如旅游、健身、科技产品等）。

新婚期：新婚夫妇开始共同规划生活，这一阶段往往伴随着购房、购车等大额消费决策。他们对家庭财务的稳健管理、教育规划及未来生育的财务准备有着较高的需求。金融机构可以推出联合贷款、家庭保险套餐及子女教育储蓄计划等产品，以满足新婚夫妇对于构建稳固家庭财务基础的需求。

满巢期：随着孩子的出生和成长，家庭进入满巢阶段。这一时期的家庭面临着子女教育、医疗、住房改善等多重财务压力。客户对于教育基金、医疗保险、家庭理财规划及退休规划等方面的需求显著增加。金融机构应提供全面的家庭财务解决方案，包括教育贷款、健康保险、家庭投资计划及长期储蓄产品，助力客户实现家庭财务的平稳过渡与稳健增长。

空巢期：当子女长大成人并离开家庭独立生活时，家庭便进入了空巢阶段。此时，夫妻二人可能面临更多的休闲时光与财务自由，但同时也需考虑养老规划及医疗保健问题。针对空巢期客户，金融机构可提供更加灵活的退休规划服务、养老保险产品、高端旅游及健康管理服务，以满足其享受生活、保障未来的需求。

孤独期：随着年龄的增长及伴侣的离世，部分客户可能进入孤独期。这一阶段的客户更加关注个人健康、精神寄托及遗产规划等问题。金融机构应提供个性化的健康管理服务、遗产规划咨询及适合老年人的金融产品（如低风险投资、便捷支付工具等），以体现人文关怀并满足客户的实际需求。

3. 按心理因素细分。这是根据消费者个性心理的不同来确定需求变化及其特征，以此对不同的客户群体采取不同的营销策略。按照心理因素细分，个人客户市场大体可以分为求利型、求便型、求稳型、求新型等。

4. 按行为因素细分。这是根据消费者对产品的了解程度、态度、使用情况及反应等将他们划分为不同的群体。如按照产品的使用情况因素细分，个人客户市场大体可以分为未曾使用过的客户、初次使用的客户和经常使用的客户。按照客户的忠诚度因素细分，个人客户市场大体可以分为忠诚客户、潜在忠诚客户和非忠诚客户。

（二）公司客户市场的细分

1. 按产业细分。国民经济按照产业细分可以分为第一产业、第二产业和第三产业。不同的产业类别，还可以进行进一步细分，如根据产业功能可以将第一产业和第二产业合并为物质生产部门，第三产业可以细分为网络部门和知识、服务生产部门。按照生命周期的不同，可以分为朝阳产业和夕阳产业。按照不同行业在生产过程中对不同生产要素的依赖程度，可以分为劳动密集型产业、资本密集型产业和技术密集型产业等。

2. 按企业性质细分。在我国，按照企业资产的所有制性质可以将企业分为国有企业、集体所有制企业、私营企业和混合所有制企业等。

3. 按企业规模细分。企业规模的认定标准包括年营业额、员工人数、固定资产总额、资本总额、资产规模等，按照企业规模细分可以将企业分为大型、中型、小型和微型企业等。

4. 按企业信用等级细分。企业信用等级是信用（资信）评估机构根据企业资信评估结果对企业信用度划分的等级类别，反映的是企业信用度的高低。作为一家企业的总体市场评价，信用等级是金融机构判断客户质量的重要标准之一。按照企业信用等级细分可以将企业分为 AAA 级、AA 级、A 级、BBB 级、BB 级和 B 级等。

5. 按企业发展阶段细分。按照企业生命周期理论，企业发展一般会经历四个阶段：创业期、成长期、成熟期和衰退期等。

金融机构在进行市场细分时应注意：一是由于市场细分的标准是动态的，因此在不同的市场进行细分时应采用不同的标准。二是在进行市场细分时，可以采用一项标准，即单一变量因素细分，也可以采用多个变量因素组合或系列变量因素进行市场细分。

[想一想]

近年来，国家和各级政府陆续出台了一系列惠及中小企业尤其是小微企业发展的优惠政策和措施，中小企业健康发展已经上升到国家战略层面。请同学们思考，国家如此重视中小企业的发展，中小企业在我国经济发展中居于怎样的地位，发挥着怎样的作用？

五、市场细分的流程

根据美国市场营销学者麦卡锡提出的市场细分程序，结合金融市场的特征，市场细分的流程包括以下七个步骤，如图 5-1 所示。

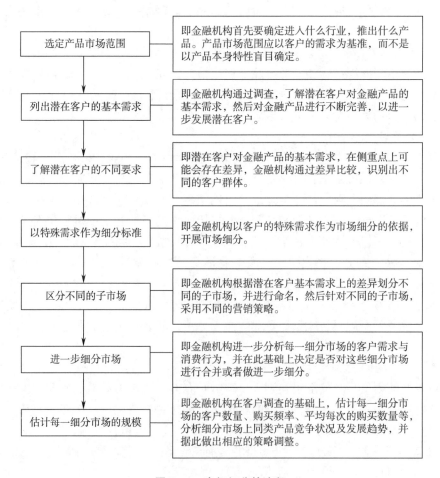

图 5-1　市场细分的流程

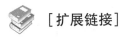 **［扩展链接］**

保险业深耕老龄化社会，创新引领养老新篇章

第七次全国人口普查数据揭示了我国人口老龄化的深刻现实，截至2020年12月，60岁及以上人口超过2.6亿人，65岁及以上人口占全国人口总数的13.5%，标志着我国已全面步入老龄化社会。面对这一挑战与机遇并存的局面，保险业作为现代服务业的支柱之一，凭借其独特的优势，在支持养老事业发展中扮演着不可或缺的角色。

产品创新，精准对接老年需求

保险企业积极响应老龄化趋势，推出了一系列创新养老保险产品，如泰康人寿的老年恶性肿瘤医疗险与"孝无忧"特定疾病医疗保险，专为老年人健康保障量身打造；太平人寿的太平超e保，首次投保年龄上限放宽至65周岁，展现了对老年群体的关怀；太平洋保险的"爸妈好"防癌医疗险，更是将覆盖范围扩展至45周岁至80周岁，最高可续保至100岁，为老年人的晚年生活筑起坚固防线。

服务升级，温暖老年数字旅程

在数字化浪潮中，保险企业不忘初心，致力于为老年客户提供有温度的便捷服务。太平人寿在各服务网点实施适老化改造，设置老年人"绿色通道"，减少等待时间，提升服务体验。同时，细致入微地配备了老花镜、放大镜等辅助工具，确保每位老年客户都能感受到贴心的关怀。泰康人寿则通过泰生活App大字版，优化界面设计，简化操作流程，让老年人也能轻松享受数字化带来的便利。

康养布局，构建高品质养老生态

保险企业不仅局限于产品与服务的创新，更在康养社区建设上迈出坚实步伐。泰康保险集团自2007年起便前瞻性地布局养老与医疗产业，开创"保险+医养"新模式，覆盖全国22个重点城市，为老年人提供全方位、高品质的养老生活。中国太平洋保险也不甘落后，推出"颐养、康养、乐养"三位一体的康养产品体系，并落地多个全国养老社区项目，进一步丰富了养老市场的选择。

随着"银发经济"的蓬勃发展，保险业将迎来更加广阔的发展空间。通过持续创新产品、优化服务、加速康养布局，保险企业正逐步构建起一个覆盖全生命周期、满足多元化需求的养老服务体系，为推动我国养老事业的高质量发展贡献力量。

第二节　金融服务目标市场选择

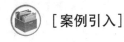 **［案例引入］**

招商银行信用卡的目标市场选择

随着时间的变化，消费人群也在不断变换。近年来，被称为"Z世代"的"90后""00后"成长为消费市场的主力军。"Z世代"是一个新鲜的词汇，是"90后""00后"

的统称。相较于"70后""80后","90后""00后"生长于更加开放、物质更为充盈的社会环境，展现出更强劲的消费能力。谁能抓住"90后""00后"，谁就能占据消费市场的未来。

在招商银行信用卡的客户群体中，"90后""00后"占比接近40%，为了真正了解这部分客户需求，招商银行信用卡一直以来通过大数据洞察年轻客户群体，用不断迭代的经营理念，持续走在同业前沿。基于对年轻消费群体的深入理解，在场景、服务、营销等方面进行全方位的升级、焕新。年轻人的关注点在哪儿，招商银行信用卡的身影就在哪儿。从打造各种知识产权（IP）联名信用卡与年轻人跨界沟通，到全方位布局年轻人喜欢的消费场景，招商银行信用卡正不断通过多元化的方式拥抱新一代的年轻人，成为让年轻人认可、喜爱的品牌。如持续扩大信用卡产品矩阵，通过开展"星座守护信用卡"主题营销、推出"哔哩哔哩联名信用卡"等，使产品与年轻人紧密连接，强化产品竞争力。在营销活动上，拓展"饭票""影票"等经营场景，并通过"天天红包""月月小锦鲤""10元风暴""手机支付加鸡腿"等活动提升客户的参与度和黏性。

招商银行信用卡品牌形象已经深入"Z世代"人群。根据招商银行2020年年报，尽管受疫情影响业绩有所下滑，但是信用卡全年流通卡数、流通户数仍然实现平稳上升；贷款余额同比增长11.27%；全年交易额在已经公开数据的银行中排名第一。

资料来源：新浪网. 招行信用卡蝉联品牌力指数第一背后：品牌年轻化形象深入人心［EB/OL］.［2021–04–26］. http：//k. sina. com. cn/article_ 2868676035_ vaafc85c 301900 ujzp. html.

 ［案例讨论］

"Z世代"有怎样的消费特征？招商银行信用卡是如何抢占"Z世代"消费市场的？

一、目标市场选择的概念

目标市场选择是指在市场细分的基础上，被金融机构选定的、准备以相应的金融产品或服务去满足核心客户群或主客户群需要的一个或者几个细分市场。金融机构在市场中选择一个或者几个特定的客户群，集中资源满足其金融需求，从而带来金融机构自身的利润和成长潜力。如何选择目标市场以及怎样占领目标市场，是金融机构进行市场选择所要解决的问题。

金融机构进行目标市场选择：一是有利于分散经营风险；二是有利于维持和提高市场占有率；三是有利于扩大利润来源；四是有利于保持长期可持续发展。

二、目标市场选择的依据

1. 细分市场的规模和发展潜力。金融机构进入某一细分市场的前提是该市场规模足够大且具有一定的发展潜力，可以获得一定的利润。因此，在选择目标市场时，应该对细分市场进行详细考察，分析市场的规模和发展潜力等因素，确定该市场需求的规律性和稳定性，使金融机构能够进入并开发这一市场。

2. 细分市场结构的吸引力。细分市场可能具备理想的规模和发展潜力，但是从盈利的角度来看，却未必具有吸引力。波特认为有五种力量决定着整个市场或者其中任何一个细分市场的长期的内在吸引力，这五种力量分别是同行业竞争者、潜在的新加入的竞争者、替代产品、购买者和供应商。细分市场结构的吸引力分析就是对这五种威胁金融机构长期盈利的主要因素进行分析。

3. 符合金融机构的目标和能力。某些细分市场虽然具有较大的吸引力，但是不能推动金融机构实现发展目标，甚至分散机构的精力，使其无法完成主要目标，这样的市场应该考虑放弃。同时，金融机构还要考虑自己的资源条件是否适合在这一细分市场经营。因此，只有选择那些金融机构有条件进入，并能充分发挥其资源优势的市场作为目标市场，金融机构才会立于不败之地。

三、目标市场选择的策略

1. 无差异性目标市场策略。无差异性目标市场策略是指金融机构将产品的整个市场视为一个大的、同质的目标市场，从而推行单一的产品和标准化服务，运用单一的营销组合与营销策略，来满足尽可能多的市场需求；即金融机构用一种产品和一套营销方案吸引尽可能多的客户。但是，这种大细分市场竞争日益激烈之后，许多金融机构会转而追求市场中其他较小的细分市场，不再采取无差异性的营销策略。如商业银行从借记卡到信用卡、联名卡以及开发各种各样的个性化卡，就是一个从无差异的大众市场逐步细化为小众市场的过程。

2. 差异性目标市场策略。差异性目标市场策略是指金融机构依据客户不同类型、不同层次的需求特点，将整个金融市场划分为若干细分市场，从中选择两个或两个以上的细分市场为目标市场，并对不同的目标市场制定和实施不同的营销组合策略。即金融机构能够根据所选择的不同市场的客户需求，提供相应的产品和服务，从而满足不同客户的需求差异。如证券公司按照客户收入高低、风险偏好、交易总量和频率等，将客户分为重要客户（VIP）、中档客户、普通客户等不同级别，分别享受不同的交易渠道、不同的设备、不同的信息内容和咨询建议。

3. 集中性目标市场策略。集中性目标市场策略也称密集型市场战略，是指金融机构既不面向整个金融市场，也不将力量分散到若干个细分市场，而是集中人力、物力、财力进入一个或少数几个细分市场，提供高度的专业化服务。这种策略特别适用于资源有限、实力不强的中小金融机构。将有限的人力、物力和财力资源集中，实行专业化服务经营，以节约成本和支出，在目标市场上占据优势地位。

 ［扩展链接］

让知识"变现"：兴业银行泉州分行支持科创企业发展

泉州市召开知识产权保护和发展会，提出要推动泉州进入知识产权强国建设"第一方阵"。当前，包括高价值专利在内的知识产权已经成为衡量科技企业核心竞争力的重要指标。据了解，泉州年度专利授权量连续12年居福建省第一位。

面对如此丰富的知识产权资源，如何给知识定价，把"知产"变"资产"却是困扰着广大科创企业的一个难题。

针对科创企业普遍存在的研发投入大，缺乏有效抵质押物的融资痛点，兴业银行专门设计了一款"知识产权质押融资"产品，即企业以合法有效且可以转让的发明专利权、实用新型专利权、商标专用权和影视著作权设定质押，取得一定金额的贷款，并按期偿还贷款本息的一种贷款业务。该产品突破传统抵押方式，有效盘活科创企业的无形资产，让企业可以把更多资金用于科研开发，助推企业创新动能持续释放。福建永恒能源管理有限公司就是该产品的受益者，公司凭借多项行业核心发明专利和技术成果，成功从兴业银行泉州分行获得900万元融资。截至2023年11月末，兴业银行泉州分行已为当地科创企业累计提供知识产权质押融资金额超1亿元，融资余额达2231万元。

近年来，伴随国家创新驱动发展战略的深入推进，兴业银行泉州分行持续丰富科创金融特色产品体系，借助"知识产权质押融资""兴速贷——优质科创企业专属"等产品，不断拓宽科创企业融资渠道，全方位支持科创企业发展。截至2023年11月末，该分行科创企业贷款余额达81.99亿元。

资料来源：彭莉芳. 让知识"变现"兴业银行泉州分行支持科创企业发展［EB/OL］.［2023－12－09］. http：//www. fj. chinanews. com. cn/news/2023/2023－12－09/538365. html.

第三节　金融服务市场定位

 ［案例引入］

中信银行：以科技与服务双轮驱动，做有温度的银行

随着中国经济步入高质量发展阶段，财富管理业务已成为银行业转型升级的关键领域。面对未来可预见的居民可投资资产规模的增长，中信银行正加速在财富管理领域的布局。

业绩斐然，战略清晰

中信银行近年来在零售银行业务上取得了显著成就，客户规模与管理资产均实现大幅增长。其发展战略中，"有温度"的银行理念贯穿始终，不仅提升了服务品质，也增强了客户黏性。通过明确的战略定位，中信银行已将零售银行与公司银行、金融市场业务并列为三大支柱，展现出其在财富管理领域的雄心壮志。

科技赋能，服务升级

在数字化转型的大潮中，中信银行紧抓科技创新的"牛鼻子"，以客户需求为导向，不断推出创新产品和服务。手机银行App的"财富体检"功能，通过大数据和人工智能技术，为客户提供个性化的资产配置建议，有效提升了客户的财富管理体验。同时，中信银行还针对不同人群、不同场景，定制了多样化的服务版本，确保每一位客户都能享

受到最适合自己的金融服务。

集团协同，优势凸显

作为中信集团旗下的重要成员，中信银行充分利用集团全牌照综合金融服务的优势，与兄弟公司紧密合作，共同打造专业、智慧、开放、有温度的财富管理体系。这种融融协同、产融协同的模式，不仅丰富了中信银行的产品线，也提升了其在财富管理市场的竞争力。

聚焦"一老一小"，传递金融温度

中信银行深知，金融服务不应仅仅是冷冰冰的数字和交易，更应是充满人文关怀的温度传递。因此，该行在老年和青少年客群上投入了大量精力，推出多项特色服务。针对老年客户，中信银行建立了完善的"幸福年华"老年客户服务体系，帮助他们跨越数字鸿沟，享受便捷的金融服务；针对青少年，中信银行则致力于金融教育普及，助力他们树立正确的金钱观和财富观。

展望未来，信心满满

展望未来，中信银行将继续秉承"有温度"的服务理念，以科技为翼，以服务为本，深耕财富管理蓝海。

［案例讨论］

中信银行如何让金融服务更"有温度"？通过哪些尊老爱幼的举措来彰显中信"温度"？

一、市场定位的概念

金融机构根据竞争者的产品或服务在市场上所处的地位以及客户对该产品或服务的偏好程度，确定自己在目标市场上的经营策略。金融机构市场定位包括以下两个方面的内容。

1. 金融机构市场定位。金融机构市场定位，即产品或服务定位，是指金融机构根据客户的需要以及客户对产品或服务某种属性的重视程度，设计出有别于竞争对手的具有鲜明个性的产品或服务，从而使产品或服务在客户心目中占据一个适当的位置。

2. 金融机构形象定位。金融机构通过设计和塑造企业的经营理念、企业标志、产品商标等，在客户心目中留下与众不同、印象深刻的企业形象。

二、市场定位的方法

1. 首次定位法。首次定位法是指金融机构对初次投放市场的产品或服务确定市场地位的活动，如第三方支付业务的问世。

2. 重新定位法。重新定位法是指金融机构为已经在某市场销售的产品或服务重新确定某种形象，改变客户的原有认识或态度，以争取更有利的市场地位的活动。重新定位法是金融机构摆脱经营困境进行创新的有效途径，从而赢得有利的市场地位。如为更好服务国家建设发展战略，2015 年起，国家开发银行重新定位为以开发性业务为主，辅以商业性业务的开发性金融机构。

3. 避强定位法。避强定位法是指金融机构遇到实力较强的对手时，为避免与强有力的竞争对手发生直接竞争，将自己的产品定位于另一个市场区域内，使产品在某些特征或者属性方面与强势对手有明显的区别，选择新的金融产品和企业形象定位。避强定位法市场风险较小，成功率较高，常为多数金融机构采用。如台州银行成立之初，规模小、实力弱，只能选择那些无法获得大型金融机构服务的个体工商户作为目标客户。通过精耕细作，民营企业、个体工商户、"三农"成为台州银行的目标客户。

4. 迎头定位法。迎头定位法是指金融机构与市场上占据支配地位、实力最强或较强的竞争对手进行正面竞争，从而使自己的产品能够进入与对手相同的市场位置。采用迎头定位法的金融机构要能够提供更加具有优势的金融产品或服务，并且要有充足的资源以维持市场竞争。迎头定位法可能会引发较为激烈的市场竞争，因而存在较大的风险。如高端客户业务是各家商业银行激烈争夺的焦点，招商银行始终坚守高端客户的价值定位，不断推出精细化定位的产品，用不断升级的服务品质提升用户体验，使产品和服务相辅相成，赢得高端客户的长期认同与信赖。

三、市场定位的流程

（一）识别竞争优势

1. 明确竞争对手的定位。金融机构首先要明确竞争对手在目标市场上的定位，准确衡量竞争对手的潜力，判断其有无潜在竞争优势，据此进行本机构的市场定位。

2. 明确目标市场上客户对金融产品或服务的评价标准以及潜在金融需求。金融机构要了解目标市场上客户对其购买的金融产品或服务的偏好和期望、评价标准，以及潜在金融需求，以此作为本机构定位的依据。

3. 明确企业的竞争优势。竞争优势有两种基本类型：一是价格竞争优势，二是偏好竞争优势。这就要求金融机构一方面要采取一切努力来降低产品成本，另一方面要采取一切努力提供更多特色产品或服务以满足客户的特定需求。

（二）选择竞争优势

竞争优势是金融机构能够胜过竞争对手的能力。这种能力既可以是现有的，也可以是潜在的。但是，并不是每一种优势都是金融机构能够利用的，金融机构要善于发现并利用自身存在或创造出来的相对竞争优势。选择竞争优势实际上就是金融机构与竞争者各方面实力相比较的过程。金融机构选择最适合本机构的竞争优势，以确定在目标市场上所处的位置。

（三）传播竞争优势

金融机构通过一系列宣传促销活动，将其独特的竞争优势准确传播给目标客户，在客户心目中留下深刻印象。

四、市场定位的策略

1. 市场领袖定位策略。市场领袖定位策略是指在整体市场或细分市场上，金融机构拥有最大的市场份额，居于主导地位，或是所拥有的品牌相较于其他品牌具有显著优势，是同行业公认的市场领袖。市场领袖通常在品牌认知度、新产品开发、价格变动和分销渠道等方面领先于同行业其他企业，成为众多企业跟随的标杆。在我国，国有大型商业银行有条件采取这种定位策略。

2. 市场追随定位策略。市场追随定位策略是指在整体市场或细分市场上，如果居于主导地位的企业力量十分强大和牢靠，金融机构为避免与主导型企业正面竞争，采取追随策略，模仿主导型企业的创新产品和经营模式，为市场提供类似产品或服务，力求占有部分市场。我国股份制商业银行有很多采取这种市场定位策略。

3. 特色服务定位策略。特色服务定位策略是指金融机构以目标客户最关心和迫切需要的产品或服务为特色服务项目，为客户提供极具个性化的定制产品或服务。一般中小金融机构主要选择这种市场定位策略。

4. 市场补缺定位策略。市场补缺定位策略是指金融机构将产品定位于目标市场上尚未被竞争对手发觉或占领的那部分需求空档。金融机构通过该策略能避开竞争，获得进入某一市场的先机，先入为主地建立对自己有利的市场地位。一般小微金融机构会选择这种市场定位策略。

 [扩展链接]

华夏基金：领航养老金管理，精准定位市场，共筑养老新篇章

作为养老金管理与养老目标基金运作的开拓者，华夏基金全面覆盖了养老金市场的各个细分领域，首批获得全国社保基金、基本养老保险及企业年金投资管理资格，并开创性地推出了国内首只养老目标基金。截至2021年末，其管理的养老金资产规模已突破3500亿元大关，彰显了其在养老金融领域的深厚实力。

面对养老3.0时代的全新挑战与机遇，华夏基金精准定位市场，为个人养老金市场做好了充分准备。华夏基金构建了专为养老金管理量身定制的制度体系，精选具备长期视野与实战经验的基金经理团队，辅以长远考核与激励机制，确保养老金资产的稳健增长。

同时，华夏基金不断提升基金中的基金（FOF）管理能力，早在多年前便引入海外领先的资产配置经验，自主研发出资产配置模型与战术调整框架，为投资者提供更加科学、高效的养老投资解决方案。

产品线方面，华夏基金精心布局，打造出风险层次清晰、资产类别广泛、产品形态多样的养老产品矩阵，满足不同投资者的多元化需求。此外，公司还构建了以养老账户为核心的综合投资顾问服务体系，线上线下融合，为投资者提供个性化、全方位的养老规划服务。

华夏基金深知投资者教育的重要性，持续开展内容丰富、形式多样的投资者教育活动，旨在培养投资者的长期投资理念与理性养老规划意识，陪伴每一位投资者稳健前行在养老投资的道路上。

本章小结

1. 金融市场细分的概念：金融市场细分是指金融机构根据客户之间需求的差异性，把整个金融市场的客户按一种或几种因素加以区分，使区分后的客户需求具有相同或似的特点，以便金融机构针对不同需求的客户制定营销战略和营销策略，从而实现金融机构的经营目标。

2. 市场细分的作用：（1）发现机会，选择市场；（2）集中资源，发挥优势；（3）增强营销策略的有效性。

3. 市场细分的原则：（1）可衡量性；（2）可进入性；（3）可盈利性。

4. 市场细分的依据：按照客户性质，金融机构客户可以分为个人客户和公司客户两大市场：（1）个人客户市场的细分：①按地理因素细分；②按人口因素细分；③按心理因素细分；④按行为因素细分。（2）公司客户市场的细分：①按产业细分；②按企业性质细分；③按企业规模细分；④按企业信用等级细分；⑤按企业发展阶段细分。

5. 市场细分的流程：（1）选定产品市场范围；（2）列出潜在客户的基本需求；（3）了解潜在客户的不同要求；（4）以特殊需求作为细分标准；（5）区分不同的子市场；（6）进一步细分市场；（7）估计每一细分市场的规模。

6. 目标市场选择的概念：目标市场选择是指在市场细分的基础上，被金融机构选定的、准备以相应的金融产品或服务去满足核心客户群或主客户群需要的一个或者几个细分市场。

7. 目标市场选择的依据：（1）细分市场的规模和发展潜力；（2）细分市场结构的吸引力；（3）符合金融机构的目标和能力。

8. 目标市场选择的策略：（1）无差异性目标市场策略；（2）差异性目标市场策略；（3）集中性目标市场策略。

9. 市场定位的概念：金融机构市场定位包括两个方面的内容：（1）金融机构市场定位：即产品或服务定位，是指金融机构根据客户的需要以及客户对产品或服务某种属性的重视程度，设计出有别于竞争对手的具有鲜明个性的产品或服务，从而使产品或服务在客户心目中占据一个适当的位置。（2）金融机构形象定位：金融机构通过设计和塑造企业的经营理念、企业标志、产品商标等，在客户心目中留下与众不同、印象深刻的企业形象。

10. 市场定位的方法：（1）首次定位法；（2）重新定位法；（3）避强定位法；（4）迎头定位法。

11. 市场定位的流程：（1）识别竞争优势，包括①明确竞争对手的定位；②明确目标市场上客户对金融产品或服务的评价标准以及潜在金融需求；③明确企业的竞争优势。（2）选择竞争优势。（3）传播竞争优势。

12. 市场定位的策略：（1）市场领袖定位策略；（2）市场追随定位策略；（3）特色服务定位策略；（4）市场补缺定位策略。

第六章　金融服务产品及品牌

金融机构在选择目标市场后，综合运用各种可能的金融服务产品与品牌营销策略和手段，以达到合理分配营销资源，实现利润最大化的目的。金融机构为客户提供服务的核心是金融服务产品，所提供的金融产品能够满足客户的金融需求才是金融机构立足的根本。

第一节　金融服务产品组合

 ［案例引入］

上海浦东发展银行春节金融服务产品组合"出击"

随着 2021 年春节的临近，上海浦东发展银行（以下简称浦发银行）在保障假期金融服务不间断的同时，还推出了多款理财和信贷产品，以及"年货礼包"等一系列权益，打出一组金融服务组合牌。同时，还特别推出牛年贺岁存单和贺岁借记卡——"鸿牛卡"，并开放"靓号"申请服务。

浦发银行在推出"日、鑫、悦、益"系列理财产品的基础上，为了满足春节期间广大客户的理财需求，还引入多款拳头产品，进一步丰富银行理财产品的节日供给，满足客户多样化投资需求。

同时，为帮助小微企业主展业，满足企业发展过程中的融资需求，浦发银行推出了一款全线上、免担保的信用贷款产品——"浦慧税贷"，贷款额度最高达 300 万元，额度可循环使用。该产品充分发挥数字化转型的先行优势，将企业税务数据、企业发票数据、政府大数据、企业法人个人征信、企业对公征信等信息集合，形成更为完整的客户画像，而且该产品全数据驱动、全流程在线，在很大程度上提高了个人经营性贷款的普适性，增强了客户获得感。

此外，春节期间，浦发银行还推出"浦天同庆 属你最牛"系列"领新春支付券"活动，线上领券，线下消费。浦发信用卡的"年货礼包"囊括酒店住宿、餐饮美食、贺岁观影等多重福利，"代发客户专属礼包"包括手机话费、音乐会员、视频 App 会员、网购消费券等权益。

浦发银行持续不断地加强在线服务能力，优化丰富"非接触式服务"，通过手机银行 App、人工智能（AI）客服等渠道，在春节期间为客户提供全天候、不间断的便捷服务。

资料来源：腾讯网. 春节金融服务组合"出击"，浦发银行推出多款理财和信贷产品［EB/OL］.［2021－02－10］. https：//view. inews. qq. com/a/20210210A0AHFT00.

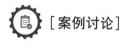 ［案例讨论］

请结合案例内容思考，浦发银行是如何玩转春节营销的？浦发银行春节金融服务产品组合"出击"给予我们怎样的启示？

一、金融服务产品的概念

金融服务产品是指金融机构向金融市场提供的、能够满足市场某种需要的、与货币资金融通连接在一起的服务项目，以及与资金融通的具体形式相联系的服务载体。金融产品的实质是金融服务，这是营销的客体，也是金融机构的核心竞争力所在。

银行的产品是存款、贷款、中间业务，保险公司的产品是各类保险，财务公司的产品是资金业务，等等。金融机构的日常工作就是设计金融产品、发售金融产品、经营金融产品。金融机构的金融创新也主要是围绕产品创新展开的，通过金融产品创新满足客户更多的金融需求。

二、金融服务产品的分类

1. 按照发展顺序，金融服务产品可以分为基础金融产品和衍生金融产品。

2. 按照经营主体，金融服务产品可以分为银行类产品、证券类产品、信托类产品、保险类产品、互联网金融产品等。

3. 按照风险大小，金融服务产品可以分为低风险产品和高风险产品，再细致划分，还可以分为低风险产品、中低风险产品、中等风险产品、中高风险产品、高风险产品。

4. 按照所有权属性，金融服务产品可以分为产权产品（如股票）和债权产品（如国债）。

5. 按照收益状况，金融服务产品可以分为固定收益产品和浮动收益产品。

6. 按照地理划分，金融服务产品可以分为国内金融产品和国际金融产品。

7. 按照期限长短，金融服务产品可以分为短期产品和长期产品。

三、金融服务产品组合的概念

金融服务产品组合是指金融机构生产经营的全部产品或服务的结合方式。产品组合是由多条产品线组成，而每条产品线又由多种产品项目构成。金融机构基本上是多产品或多品种经营者，需要根据市场供需变化和自身经营目标来确定产品的结合方式和经营范围。如商业银行在混业经营情况下，金融服务产品组合通常包括证券类产品、票据类产品和信贷类产品等。金融机构在创新产品的同时，可以满足客户投资、储蓄、防范风险、保值增值等多方面的金融需求，提供全方位的金融服务。

金融服务产品组合包含两个方面的内容：一是与金融工程有关，是指将基本金融服务产品组合成为具有特定属性的新的金融服务产品；二是指金融机构提供的所有金融产品和服务的组合方式。金融服务产品组合是金融业不断创新、提高自身效率的必然结果，其应用范围来自金融实践，又应用于金融实践。

金融服务产品组合主要应用于三大领域：一是新型金融工具的设计与开发；二是新型金融手段和设施的开发，其目的是降低交易成本，提高运作效率，挖掘盈利潜力和规避金融管制；三是为了解决某些金融问题，或实现特定的经营目标而制订出创造性的解决方案。

 [想一想]

结合专业所学，请同学们思考，并简要谈谈对产品组合是企业对消费者细分市场和消费购买偏好变迁的一种回应这一说法的理解与认识。

四、金融服务产品组合的设计

1. 金融服务产品横向组合。金融服务产品横向组合是指金融机构在基本产品上附加其他关联产品，使其流动性、安全性或收益性等方面得到改善，以更好地适应市场需求，达到扩大市场占有率、增加收益的目的。如银证合作就是商业银行拓展业务、扩大市场的有效途径，通过与证券公司的全面合作、优势互补，进一步增强自身的竞争能力。

2. 金融服务产品纵向组合。金融服务产品纵向组合是指金融机构根据目标市场的变化和市场竞争的态势，可以对自身的各种金融服务产品实施有效组合，以实现充分利用金融资源、提高经济效益的目的。如商业银行可将存款业务、贷款业务、支付结算、代收代付、电子银行、投资理财等个人银行业务产品，依据产品管理、考核和客户需求进行产品打包，根据社区客户的金融需求进行产品组合，打包为储蓄产品包、个人贷款产品包、代收代付产品包、电子银行产品包、个人理财产品包等。

3. 金融服务产品销售组合。金融服务产品销售组合是指金融机构在产品销售过程中，把与主导产品有直接关系或间接关系的服务产品组合在一起销售，以方便客户购买、促进销售。如江西省赣州市辖内的农商银行为支持复工复产，创新定制，推出信贷套餐——"疫能贷""疫租贷""疫薪贷"三款专项信贷产品。"疫能贷"主要用于支持小微企业缴纳生产经营的电费、水费及天然气等能源费用；"疫租贷"主要用于支持个体工商户支付店面租金；"疫薪贷"主要用于支持小微企业发放员工工资等。

4. 金融服务产品生产组合。金融服务产品生产组合是指金融机构在经营过程中采取产品垂直多样化、水平多样化等产品组合策略，拓展面向个人、企业的金融服务领域，并及时制定和调整各类产品不同生命周期、不同品牌包装的营销策略，从而达到提高竞争力的目的。如商业银行立足市场，根据客户需求对产品进行创意、设计和构思，不断推出有个性、有特点的项目，以期为客户提供更加全面、快捷、安全的贴身服务。

五、金融服务产品组合的策略

1. 全线全面型策略。全线全面型策略是指金融机构尽量向自己业务范围内的所有客户提供所需的产品，不断扩大产品组合广度和加深产品组合深度的策略。如"橙e网"是平安银行旗下供应链生意平台和金融电商平台的整合体。"橙e网"专注于"熟人的生意圈"，为熟人之间做生意提供免费的电商平台——"平安管家"，为小微企业、个体工商户提供基于智能手机的生意管理工具——"橙e记"，并集成平安集团优势金融资源，为客户提供供应链在线融资、在线支付、在线理财、在线保险等综合金融服务。

2. 产品专业型策略。产品专业型策略是指金融机构只生产经营同一种类的不同产品来满足市场需求的策略。如2015年6月25日正式开业的网商银行，是经批准成立的中国首批民营银行之一。作为一家科技驱动的银行，网商银行不设线下网点，借助实践多年的无接触贷款"310"模式（3分钟申请，1秒钟放款，全程0人工干预），按照"小存小贷"模式，为小微经营者提供纯线上的金融服务，主要提供20万元以下的存款产品和500万元以下的贷款产品。

3. 特殊产品专业型策略。特殊产品专业型策略是指金融机构根据自身特长发展有竞争能力的产品，或根据客户的特殊需要提供产品的策略。中小企业被传统商业银行认为风险太大而不愿为之服务，而一些中小型商业银行专门为这样的企业服务，即是此类策略的典型例子。如浙江泰隆商业银行自创办起就始终坚持"服务小微企业、践行普惠金融"，积极实践探索具有中国特色的小微企业信贷服务模式和风险控制技术，总结出一套以"三品三表""三三制"等为特色的小微企业金融服务和风控模式，在小微企业金融服务市场上赢得了一片蓝海。

4. 产品线填补策略。产品线填补策略是指金融机构以原有产品线为基础，增加新的产品线和产品项目的策略。这一策略主要利用企业原有的技术、资源或市场来进一步扩大业务范围，增加盈利。如保险公司在基本险种的保障责任上，附加一些险种，以扩充保险责任的范围。以机动车商业第三者责任保险为例，该保险可以选择投保的附加险种有车上人员责任险、车上货物责任险、无过错损失补偿险以及车载货物掉落责任险等。

5. 产品线剔除策略。产品线剔除策略是指金融机构根据市场环境的变化，适当剔除某些获利较小且无发展前途的产品，保留并集中资源于获利较大、市场占有率较高的产品策略。如电动自行车的盗抢险，由于赔付风险过大，很多保险公司都停售了此险种。

 [扩展链接]

农业银行曲阜支行：精准匹配金融产品组合，引领服务创新新风尚

在金融创新的浪潮中，面对纷繁复杂的金融产品选择，许多客户常感迷茫，不知从何入手。然而，自2020年12月起，中国农业银行曲阜市支行巧妙地将现有金融产品进行有效整合，精心策划了"务工存款产品组合"与"个人贷款产品组合"等系列化"金融套餐"，为不同客户群体量身定制了清晰明了的金融服务方案，有效解决了客户的选择难题。

农业银行曲阜支行此次产品创新的精髓在于深刻践行了"客户导向，精准匹配"的金融产品组合原则。该行通过深入剖析务工人员、个体工商户等特定客户群体的金融需求差异，精心设计出多样化的"产品包"。每个"产品包"均遵循"核心引领，多元互补"的策略，既突出了如理财通卡、电子汇兑、网上银行等主打产品的便捷性与高效性，又巧妙融入了存款、国债、基金、保险等丰富的"陪嫁"产品，以及个人消费贷款、资金动态通知、代缴服务等贴心增值功能，全方位满足了客户的多元化、个性化需求。

在宣传策略上，该行同样进行了革新，摒弃了传统的单一产品宣传模式，转而采用按产品组合分类的"菜单式"宣传方式。每一份宣传菜单都清晰地展示了不同产品组合的适用场景与优势特色，让客户能够迅速找到与自己需求相契合的"金融套餐"，实现了从"选择困难"到"一目了然"的转变。

农业银行曲阜支行的这一创新举措，不仅极大地提升了客户满意度与忠诚度，还强力推动了其业务的发展。市场份额的显著增长与综合考评的跨越式提升，正是对该行精准实施金融产品组合原则成效的最佳证明。

第二节　金融服务产品开发

 ［案例引入］

广东省汕尾市首单政策性海水网箱养殖风灾指数保险成功落地

深水网箱养殖是目前最具发展潜力的海水养殖方式，该养殖方式具有高投入与高收益的特点，同时也伴随着高风险。网箱养殖与传统养殖相比更加绿色环保，更加有利于近海生态的保护，但风险更大，容易受台风等极端天气的影响。

2021年，在汕尾市农业农村局、平安财产保险股份有限公司汕尾中心支公司等的合力推动下，汕尾市首单政策性海水网箱养殖风灾指数保险在红海湾开发区遮浪街道完成。海水网箱养殖风灾指数保险是指在保险期间内，所承保区域的风力指数达到保险合同约定的起赔标准时，将视为保险事故发生，被保险人可按照保险合同的约定获得赔偿。

政策性海水网箱养殖风灾指数保险保单的落地，破解了汕尾市海水网箱养殖户长期面临"参保无门"的障碍，标志着汕尾市海水网箱养殖保险取得了零的突破，开启了保险业护航"蓝色经济"的新篇章。基于此成功经验，2021年11月，根据汕尾市政府和农户需求，平安财产保险股份有限公司落地首单政策性地方财政对虾天气指数保险，为汕尾市鸿泰水产养殖场提供气温、风力、降雨等自然灾害风险保障，切实保护对虾养殖户利益。

资料来源：邓良琼. 我市首单政策性海水网箱养殖风灾指数保险成功落地　切实保护海水网箱养殖户利益［N］. 汕尾日报，2021－08－05.

 [案例讨论]

保险业创新产品的推出为何能层出不穷？

一、金融服务新产品的类型

产品是服务的载体。对客户而言，一家金融机构的服务功能强不强，服务水平高不高，主要是看这家金融机构能不能不断提供多种多样的、可供选择和比较的金融产品。金融市场是在不断变化的，随着市场需求的变化，客户对产品的需求也会发生改变，金融机构需要不断创新产品，才能争取和挽留客户。产品生命周期理论告诉我们，任何产品都有一定的寿命。金融机构为了保证正常的收益水平，必须经常推出新产品。金融服务新产品是指金融机构为了适应市场新需求而开发的，与原来产品有着明显差异的金融产品和服务。金融服务新产品可以分为发明型新产品、改进型新产品、组合型新产品与模仿型新产品四种类型。

1. 发明型新产品。发明型新产品是指金融机构根据市场上出现的新需求，利用新理论和新技术开发出的新金融产品。这种新金融产品可以满足客户新的金融需求，或者改变客户的金融消费习惯，甚至生活方式。如指静脉识别技术在金融支付中的应用，使未来即使不带手机也能实现支付。

2. 改进型新产品。改进型新产品是指金融机构对现有金融产品进行改进，使其在功能、形式等各个方面具有新的特点，以满足客户需求，扩大产品销售。如商业银行为客户的定期存款提供自动转存业务，即客户存款到期后，如不前往银行办理转存手续，银行可自动将到期的存款本息按相同存期一并转存，不受次数限制，续存期利息按前期到期日利率计算。这是商业银行的创新服务，也是吸引客户的一种新举措。

3. 组合型新产品。组合型新产品是指金融机构将两个或两个以上的现有产品或服务，按照一定的市场需求重新加以组合推出的新产品。如中信银行为留学、商务、旅游、移民、境外人士等提供签证类、跨境结算类、外汇类、外币理财类、融资类、资信证明类、全球资产配置类等七大类"一站式"出国金融服务。

4. 模仿型新产品。模仿型新产品是指在不违反知识产权的前提下，金融机构以金融市场上现有的某种金融产品为参考，结合自身经营特点和优势，加以改进、完善、调整推出的新产品。我国的金融服务新产品中，属于模仿的主要有两类：一类是模仿国外的产品，结合本国环境特点，推出适合中国的新产品；另一类是模仿国内其他金融机构的产品，结合自身情况，改进、完善、调整、推出新产品。

二、金融服务新产品的开发流程

金融服务新产品的开发流程一般包括产品构思、构思筛选、概念形成、效益分析、产品开发、市场测试、产品投放几个步骤（见图6-1）。

（一）产品构思

产品构思就是为满足某种新需求而提出的产品设想。对比较现实的具有代表性的种

图6-1　金融服务新产品的开发流程

种设想加以综合分析，就逐渐形成了系统的新产品概念。新产品的创造性构思主要来源于金融机构的内部和外部。

1. 金融机构的内部来源。

①金融机构研究开发部门提出的建议；

②金融机构市场营销部门提出的建议；

③金融机构有经验的高级管理人员和基层员工提出的建议。

2. 金融机构的外部来源。

①客户提出的非正式建议；

②联营合作伙伴提出的设想；

③政府提出的社会需求方向；

④竞争对手的反应和建议；

⑤现有的研究成果和其他文献资料。

（二）构思筛选

金融机构集中创造新产品的构思和建议之后要进行筛选，摒弃那些可行性差或获利较少的构思，选出那些符合金融机构发展目标和长远利益，并与金融机构资源相协调的构思。在筛选时应遵循以下标准：

1. 市场成功的条件：包括产品的潜在市场如何，产品竞争程度及前景估计以及金融机构能否获得较高的经济效益和社会效益。

2. 金融机构的内部条件：金融机构的人力、物力、财力资源，技术条件以及管理水平是否适合生产这种新产品。

3. 销售条件：金融机构现有的销售条件是否适合销售这种新产品。

4. 利润收益条件：新产品是否符合金融机构的营销目标，其获利水平如何，新产品对原有产品销售有何影响。

在筛选阶段，金融机构应力求避免两种偏差：一是忽略了良好的新产品构思，对其潜在价值估计不足，草率剔除，从而失去发展机会；二是采纳了错误的新产品构思，仓促生产，造成新产品开发的失败。

（三）概念形成

概念形成是对已经筛选的新产品构思进行产品设计与鉴定。产品设计的基本任务是将新产品构思发展为几种产品设计方案，描述出比较明确的产品概念；鉴定则是对每一个具体方案进行具体的评价，根据市场状况、投资盈利率、生产能力及金融机构的资源等标准反复权衡，得出每个产品方案的潜在价值，并将产品方案提供给有代表性的客户群进行测试，最后经过综合分析，选定最佳的一种设计方案。

（四）效益分析

效益分析的任务是在初步拟订营销规划的基础上，对产品方案从财务上进一步判断是否符合金融机构的预期目标。具体包括两个步骤：一是预测销售额；二是推算成本与利润。为进行效益分析，需要拟订一套营销方案，主要内容包括产品结构、目标市场、消费行为、新产品的市场形象和定位、产品定价、营销渠道、预计销售量和预计销售费用、预计长期销售量及利润目标。

（五）产品开发

产品开发是将停留于概念的新产品转化为现实产品的过程。金融服务产品的核心其实是服务安排，所以金融服务产品开发的重点是服务流程的安排，如产品服务的内容、功能、市场定位、品牌名称、产品价格、账务处理流程等。只有进入产品开发阶段才能发现产品方案的问题和不足，并确定其在技术、商业上的可行性。

（六）市场测试

当核心产品和外围、辅助细节都成形后，金融机构可以尝试性地开始投放市场，小范围地进行测试，试探市场反应，观察产品价格、收益、功能的接受程度，以提前了解市场反应并对最终产品做出调整。但是，并非所有的新产品都需要进行测试，这取决于金融机构对新产品成功率的把握。如果金融机构对新开发的产品已经收集了用户的反馈意见，并对缺点进行了改进，对产品的市场潜在销售量有信心，也可以直接正式销售。

（七）产品投放

通过市场测试后，金融机构可以判断是否将新产品全面投放市场，或者调整产品再投放市场。这个过程是产品实现商业化的过程，投入市场的时机选择非常重要。同时，还要注意收集客户的反馈信息，决定是否需要采取调整和补救措施。

三、金融服务新产品的开发原则

1. 功能求新。功能求新是指金融服务新产品具备某种新的服务功能。这种功能要明显地弥补以往服务的不足，或突出地满足新出现的某种特殊需要，从整体上增强金融机构的业务分工功能。

2. 对象特殊。金融服务新产品必须有存在特殊需要的客户。也就是说，市场存在某种需求，而目前的金融产品还不能满足这种需求。开发产品的服务对象的针对性越强，创新的效果就越容易显示和维持。当然，这种特殊的服务对象也应当具有一定的普遍性、稳固性和持久性。

3. 技术领先。技术运用必须充分考虑它的超前性，做好新产品开发的基础性设计，使之建立在一个有技术突破的较高水平上。

4. 弱化风险。金融产品创新的同时会产生市场风险、成本风险、操作风险等一系列风险，金融机构应该在开发之初充分考虑各种风险因素，努力防范、分散、化解风险。

5. 兼顾通用性。产品创新要注意向国际通用性方面靠拢，不宜追求特殊性。通用性的产品有利于降低成本，促进规范化、社会化和国际化。

6. 吸纳为主。要注意规范性吸纳，不宜随意改动产品特性。特别是对于一些定型的金融工具产品，其已达到最优化和成熟化，随意改动或人为增减不恰当的"特色"，会使该产品丧失所具备的特性和优势，进而无法发挥其最佳效能。

[扩展链接]

兴业银行"加速度"畅通金融服务绿色通道 6小时设计出抗疫新产品

新冠疫情发生后，商业银行采取了新增授信、延期还款、降低贷款利率等多种方式驰援疫情防控一线企业。但是，企业因自身情况不同，受到的冲击也不尽相同。因此，商业银行根据企业的实际需求，量身定制金融产品。

考虑到疫情蔓延迅速，医药物资短期需求量巨大，兴业银行深圳分行业务部门梳理、联系存量医药企业客户，通过电话沟通、线上调查问卷等方式，了解医疗、医药、民生等企业的实际需求，针对涉及疫情防控的信贷业务量身定制专项融资政策，推出"抗疫贷"这款专项产品。该款产品具有审批速度快和最优惠利率支持等主要特点，产品类型包括流动资金贷款、政府订单融资、保理业务和买方信贷等。

在明确得知企业的需求后，兴业银行深圳分行企业金融部、信用审查部、风险管理部等部门通力合作，加班加点对企业原有授信方案、目前流动资金缺口、抗疫药物采购生产及销售回款情况进行了分析研讨，整理出初步授信变更方案，在敞口不变的基础上，给企业发放流动资金贷款5000万元，用于采购原材料。紧接着支行按照初步授信方案，连夜整理企业相关材料。分行信用审查部接到"抗疫贷"项目后，立即指派审查员与支行进行对接，沟通分析具体的资金需求、设计合理方案，开辟绿色通道优先进行审查，快速出具审查报告，提交分行进行审批。

从得知企业需求到产品设计，再到第一家客户拿到款项仅耗时3天，其中"抗疫贷"产品设计环节仅用了半天时间，创造了近年来兴业银行深圳分行单笔业务最短时效纪录。

资料来源：王柯瑾. 金融抗"疫"：6小时设计出抗疫新产品 兴业银行"加速度"畅通金融服务绿色通道［N］. 中国经营报，2020–02–14.

第三节 金融服务品牌塑造

 [案例引入]

中国民生银行郑州分行：以"懂你"为核心，打造全方位金融服务新体验

自2017年"懂你的银行"零售品牌理念诞生以来，民生银行郑州分行秉承差异化服务精髓，深度融合线上线下的综合金融服务优势，以稳健的财富管理能力和专业精神为基石，不断深化"以客户为中心"的服务理念，致力于成为每一位客户信赖的"幸福策划师"。

银行服务的核心在于构建并深化与客户的情感纽带。这要求银行从传统的产品导向转向客户需求导向，不仅需满足表面需求，更需精准捕捉并满足客户的深层次期望。民生银行郑州分行通过数字化手段，将客户群体细分为欣然、悠然、卓然三大板块，实施精细化、差异化服务策略，确保每位客户都能享受到量身定制的综合金融解决方案。

"欣然花开，悠然意趣，卓然天纵"，这不仅是人生的美好境界，也是民生银行对客户个性化需求的深刻理解与回应。该行不仅升级产品配置，构建多元化、多策略的产品体系，还通过智能投资顾问、便捷网点服务及线上咨询平台，让金融服务触手可及，真正实现了"懂你的幸福策划"。此外，一系列富有创意与温情的增值服务活动，如"元宵有鲤""财富伴你行"等，不仅丰富了客户体验，更传递了民生银行对客户幸福生活的深切关怀。

面对市场变局，民生银行郑州分行敏锐捕捉到稳健投资产品的市场需求，推出"民生磐石"品牌，以开放、专业的态度，携手基金公司，为客户精选优质投资产品，共同抵御市场波动，守护客户财富安全。这一举措不仅彰显了民生银行对市场的深刻洞察，更体现了其以客户为中心，不断创新、勇于担当的企业精神。

品牌塑造之路，是情感与专业的双重奏。民生银行郑州分行深知，服务不仅仅是冰冷的业务处理，更是情感的传递与共鸣。从进门时的微笑相迎，到炎炎夏日的一杯凉茶；从细致入微的关怀，到专业耐心的解答，每一个细节都蕴含着民生银行对客户的深情厚谊。该行依托广泛的网点布局、先进的数字平台及全天候的服务体系，将"懂你"的服务理念融入每一个细节，让银行服务成为客户生活中的温馨陪伴。

 [案例讨论]

中国民生银行是如何进行产品创新和品牌营销的？

一、金融服务品牌的概念

金融服务品牌是用来识别金融服务，并以此区别于其他竞争者的名称、术语、符号、标志、设计或它们的组合。它是消费者对金融服务以至金融机构的总体概念，这种概念是消费者长期使用该服务获得的，它是一种心理上的感受。金融服务品牌包括品牌名称和品牌标志两部分。

1. 品牌名称。品牌名称，也称品牌或品名，是品牌中可以用言语称呼的部分，如中国工商银行牡丹卡、中国农业银行金穗卡等。

2. 品牌标志。品牌标志，又称品标，是品牌中可以被记认，易于记忆但不能用言语称呼的部分，通常由图案、符号或特殊颜色等构成，如中国银行的品标，以中国古钱币与"中"字为基本形状，古钱币的形状是圆形方孔设计，中间方孔，上下加垂直线，成为"中"字形状，它也是该行的行徽（见图6-2）。

图6-2 中国银行标志

二、金融服务品牌的作用

1. 有利于吸引客户。品牌的确立使金融机构的服务产品与其他竞争者的服务产品有了明显的差别，这种差别有利于客户辨识、选择金融机构的产品。金融消费者通过选择优质品牌的产品，可以保障服务质量，减少选择困难。

2. 有利于树立金融机构形象。品牌可以使金融机构与其他同行区别开来，使金融机构的外在形象更加具象化，有的金融机构还把品牌的名称、图案及颜色广泛地运用在网点外观、宣传材料、网站页面上，不断地深化企业形象。

三、金融服务品牌的定位

（一）金融服务品牌定位的概念

金融服务品牌定位是指金融机构在金融市场上为自己的品牌树立一个明确的、有别于竞争对手品牌的、符合消费者需要的形象，目的是在消费者心中占据一个有利的位置。品牌定位是金融服务品牌经营的首要任务，是品牌建设的基础，更是品牌成功经营的前提，在品牌经营和市场营销中起着不可估量的作用。

金融机构在经营金融服务品牌时首先要对品牌进行设计，从而在目标客户群体心中留下一个明确的、独特的、有利的形象，即进行金融服务品牌定位。市场细分是金融服务品牌定位的前提，目标市场是金融服务品牌定位的归着点。品牌定位是金融机构进入金融市场、拓展市场的前提，成功的品牌定位对金融机构占领市场、拓展市场更能起到导航作用。

（二）金融服务品牌定位的原则

1. 要考虑金融产品本身的特点。产品是品牌的载体，品牌必须依托于产品，这就决定了在进行品牌定位时必须考虑品牌定位下产品的性质、使用价值等相关因素。受金融产品有用性等因素的限制，金融服务品牌定位应该有所区别。如储蓄、住房贷款等金融产品由于使用范围较大，可以以不同的品牌定位满足于不同消费者的需求。而贵宾理财服务则必须将品牌定位于高端、卓越等。

2. 要考虑企业自身的资源条件。金融服务品牌定位必须要考虑金融机构的资源条件，要能使金融机构资源获得优化利用，既不要造成资源闲置或浪费，也不要因资源缺乏陷入心有余而力不足的窘境。如果金融机构将金融品牌定位于高端，就要有能力确保其产品或服务的品质；如果定位于尖端产品，就要有相配套的技术支持；如果定位于国际化品牌，就要有在全球市场运作的经营管理人员。金融服务品牌定位要与金融机构自身的资源和能力相匹配。

3. 要考虑成本收益。品牌定位要付出一定的经济代价，其成本多少因定位不同而有所差异。不考虑成本的一味付出、不求回报，不符合现代企业的经营宗旨，因此，金融机构在考虑金融服务品牌定位时，必须考虑成本收益。

4. 要考虑竞争者的定位。当前金融市场竞争十分激烈，几乎每一个细分市场都存在很多竞争者。在这种情况下，金融机构进行金融服务品牌定位时更应考虑竞争者的品牌定位，力争使本机构品牌体现的个性和风格与其他金融机构区别开来，突出自身特色，营造自身品牌优势。

5. 要与金融机构自身的定位相统一。金融服务品牌创建应与金融机构自身的经营理念、企业文化、价值主张保持一致的定位和统一的风格，不能脱离金融机构现有的文化和风格。

（三）金融服务品牌定位的流程

1. 确认金融机构的竞争优势。这一步骤的中心任务是弄清以下三个问题：

（1）竞争者的品牌定位如何？

（2）目标市场上足够数量的消费者的需求满足程度如何，以及他们还需要什么？

（3）针对竞争者的品牌定位和潜在消费者真正的利益要求，金融机构应该以及能够做什么？

要弄清这三个问题，金融机构需要通过一切调研手段，系统地设计、收集、分析有关上述问题的资料和研究成果，从而从中把握和确定金融机构的潜在竞争优势。

2. 准确地选择相对竞争优势。相对竞争优势是金融机构能够胜过竞争者的能力，既可以是现有的，也可以是潜在的。准确地选择相对竞争优势是金融机构各方面实力与竞争者实力相比较的过程。比较的指标应该是一个完整的体系，只有这样，才能准确地选择相对竞争优势。金融机构需要分析、比较自身与竞争者在以下六个方面具有的优势和劣势。

（1）经营管理方面，主要是经营者的素质，包括领导能力、决策水平、计划能力、组织协调能力以及应变经验等指标。

（2）技术开发方面，主要分析技术资源（如专利、技术诀窍等）、技术手段、技术人员能力和资金是否充足等指标。

（3）运营管理方面，主要分析企业运营水平、运营过程控制以及员工素质等指标。

（4）品牌营销方面，主要分析营销网络控制、市场研究、服务与销售战略、广告、资本是否充足以及市场营销人员的能力等指标。

（5）财务方面，主要考察长期资本和短期资本的来源及资本成本、支付能力、现金流量、财务制度与理财素质等指标。

（6）产品及服务方面，主要考察可利用的产品和服务特色、价格、质量、分销渠道、服务、市场份额、形象、声誉等指标。

金融机构通过对上述指标体系进行分析与比较，选出最适合本企业的优势项目。

3. 明确显示独特的竞争优势。这一步骤的主要任务是金融机构通过一系列宣传促销活动，将其独特的竞争优势准确地传递给消费者，并在消费者心目中留下良好的印象。为此，首先，金融机构应使目标消费者了解、熟悉、认同、喜欢和偏爱本机构的金融产品，在消费者心目中建立与品牌定位相一致的形象。其次，金融机构通过努力，强化金融产品品牌形象，维持与消费者的关系、稳定消费者的态度、加深与消费者的感情，以此来巩固与品牌相一致的形象。最后，金融机构要注意消费者对金融服务品牌定位理解出现的偏差，或是金融机构品牌定位宣传失误而造成的品牌诉求主题模糊、混乱和误会，及时纠正与品牌定位不一致的形象。

四、金融服务品牌的策略

1. 统一品牌策略。金融机构的所有金融服务产品都使用同一个品牌的策略。这种策略有利于品牌深入人心，而且有利于新产品打开市场，客户对整体品牌的记忆会覆盖新产品，并且旧产品的口碑优势会延续到新产品发售阶段。但是，这种策略也有缺点，如果一个金融机构的旧产品出现过问题，影响了声誉，新产品用同一个品牌推广，也会被客户质疑。

2. 个别品牌策略。金融机构针对某个重点营销的产品确定一个品牌，重点进行营销推广。有的金融机构认为并不是所有的业务都需要确定品牌，对于大众型产品只有业务名称，没有品牌名称，而对于重点想要营销的业务，确立品牌，方便客户记忆、区别和购买。

3. 分类品牌策略。分类品牌是指金融机构对不同种类的金融服务产品分别命名，一类产品用一个品牌名称。如中国工商银行助力粤澳深度合作、琴澳融合发展，推出"工银琴澳通"服务品牌；秉持国际视野、全球经营的理念，发布全球金融服务品牌——"工银全球行"等。

4. 企业名称加个别品牌策略。这种品牌策略是在企业名称后加上个别品牌，共同构成产品品牌。这种策略兼有统一品牌和个别品牌的优点。这样客户在购买产品时既能加深对整体品牌的认知，又能区别不同的产品类别。如平安保险就常在个别品牌名称前加上"平安"二字：如平安 E 家平安、平安安诊无忧。

五、金融服务品牌营销的实施途径

1. 建立金融机构品牌主导的品牌组合。金融服务是无形的，缺乏实体展示和包装，因此客户在购买前无法对服务产生直观的感受，也无法进行客观评价。在这种情况下，金融机构的实力、形象、口碑等往往成为直接影响客户做出购买决策和消费后评价的重要依据。客户在购买服务产品时，不仅关心服务的具体内容，而且十分看重提供服务的企业。他们常常会根据服务的提供者来决定是否购买服务产品。因此，在金融服务品牌组合中，金融机构品牌理应成为主导品牌，成为重点建设的对象。

2. 创造强烈的组织联想。组织联想是指客户看到品牌就联想到企业，它是形成品牌特色或个性的关键因素。由于服务产品极易被模仿，因此对于客户而言，提供的服务内容往往不重要，重要的是谁在提供服务和如何提供服务。不同的金融服务企业，在提供同种服务时差别可能很大，尤其是在服务质量方面。金融机构人员、设备、专长等是能够直接或间接影响客户评价服务质量的组织联想的重要因素。与基于产品特色的联想不同，基于抽象的企业价值观、成员、资产、技术等特色所产生的组织联想有利于提高品牌的可信度。通过组织联想，金融机构还可以使客户建立对品牌的感情。

3. 运用全方位的品牌要素。无形性对金融服务品牌要素的选择具有重要意义。由于金融服务决策和安排常常是在服务现场之外做出的，因此品牌回忆成为影响服务决策的重要因素。作为品牌核心要素的品牌名称应易于记忆和发音，相应的文字和标识等刺激物要认真策划。服务的"外观"，如环境设计、接待区、服务人员着装、附属材料等对客户的品牌认知也有影响。其他品牌要素，如标志、人物和口号，均可以用来辅助品牌名称，向客户展示品牌，建立品牌认知和品牌形象。

4. 建立合理的品牌层级结构。金融产品或服务的多样化是金融机构的一个显著特征。金融机构需要根据不同的市场和产品特性，推出相应的品牌。从横向来看，金融机构建立品牌层级，有利于定位和瞄准不同的细分市场，突出不同产品或服务的特性。从纵向来看，服务等级可以根据价格和质量来体现，纵向延伸需要采用合作或辅助品牌策略。

5. 金融服务品牌的内在化。金融机构的员工是向客户传递品牌的重要媒介，他们可以为品牌注入活力和生机。通过员工的行为，可以将"文字—视觉"品牌，转化为"文字—视觉—行为"品牌。品牌内在化涉及向员工解释和推销品牌，与员工分享品牌的理念和主张，培训和强化员工与品牌宗旨相一致的行为。需要明确的是，良好的服务品牌可以有效地传递和强化好的服务，但是却无法弥补差的服务。

 [扩展链接]

中国工商银行：金融头雁，品牌领航

2022 年 6 月 15 日，全球瞩目的凯度 BrandZ 最具价值全球品牌榜揭晓，中国工商银行以 353.15 亿美元的品牌价值再次上榜，彰显其品牌持续的影响力。同月，于"中国品牌日"，工商银行凭借卓越品牌表现与服务，斩获 11 项品牌大奖，巩固了其在金融界的领军地位，树立了金融"头雁"的典范。

面对全球变局与疫情挑战，中国工商银行品牌建设稳健前行，展现出强大的内生增长力与可持续发展潜力。该行坚持"金融为民"的核心理念，围绕客户服务质量提升，打造出"工银光明行""工银爱相伴"等一系列深受市场好评的品牌项目，彰显了其作为大行的责任与担当。

2021 年，工商银行立足新发展阶段，积极响应国家发展战略，将品牌建设深度融入服务国家大局之中，实现了品牌价值与社会责任的双重提升。其品牌策略聚焦于四点核心：一是塑造"金融为民"的品牌基因，深化品牌与民众的情感连接；二是提升"金融头雁"的品牌势能，强化市场对工商银行品牌的认知与信赖；三是构建"品牌＋营销＋数据"的合力，利用数字技术驱动品牌创新与发展；四是打造"工行特色"的品牌生态，满足不同群体的个性化需求，展现科技化、智能化的品牌形象。

工商银行的品牌宣传工作紧密围绕经营发展，通过构建战略品牌体系、赋能业务创新、树立人民满意银行形象等举措，赢得了广泛的社会认可与好评。其品牌形象的关键词——担当、稳健、诚信、创新、智慧，不仅是对工商银行过往成就的总结，更是其未来持续发展的强大动力与信心源泉。

中国工商银行品牌建设和服务实践不仅提升了自身的品牌价值和国际影响力，更推动了金融服务的创新与升级，服务实体经济和国家发展大局，践行了社会责任与担当。这些努力不仅为工商银行自身的发展奠定了坚实的基础，也为整个金融行业的可持续发展树立了典范。

本章小结

1. 金融服务产品的概念：金融服务产品是指金融机构向金融市场提供的、能够满足市场某种需要的、与货币资金融通连接在一起的服务项目，以及与资金融通的具体形式

相联系的服务载体。

2. 金融服务产品的分类：（1）按照发展顺序金融服务产品可以分为基础金融产品和衍生金融产品；（2）按照经营主体不同金融服务产品可以分为银行类产品、证券类产品、信托类产品、保险类产品、互联网金融产品等；（3）按照风险大小不同金融服务产品可以分为低风险产品和高风险产品，再细致划分，还可以分为低风险产品、中低风险产品、中等风险产品、中高风险产品、高风险产品；（4）按照所有权属性金融服务产品可以分为产权产品（如股票）和债权产品（如国债）；（5）按照收益状况金融服务产品可以分为固定收益产品和浮动收益产品；（6）按照地理划分可以分为国内金融产品和国际金融产品；（7）按照期限长短可以分为短期产品和长期产品。

3. 金融服务产品组合的概念：金融服务产品组合是指金融机构生产经营的全部产品或服务的结合方式。

4. 金融服务产品组合的设计：（1）金融服务产品横向组合；（2）金融服务产品纵向组合；（3）金融服务产品销售组合；（4）金融服务产品生产组合。

5. 金融服务产品组合的策略：（1）全线全面型策略；（2）产品专业型策略；（3）特殊产品专业型策略；（4）产品线填补策略；（5）产品线剔除策略。

6. 金融服务新产品的类型：（1）发明型新产品；（2）改进型新产品；（3）组合型新产品；（4）模仿型新产品。

7. 金融服务新产品的开发流程：（1）产品构思；（2）构思筛选；（3）概念形成；（4）效益分析；（5）产品开发；（6）市场测试；（7）产品投放。

8. 金融服务新产品的开发原则：（1）功能求新；（2）对象特殊；（3）技术领先；（4）弱化风险；（5）兼顾通用；（6）吸纳为主。

9. 金融服务品牌的概念：金融服务品牌就是用来识别金融服务，并以此区别于其他竞争者的名称、术语、符号、标志、设计或它们的组合。

10. 金融服务品牌的作用：（1）有利于吸引客户；（2）有利于树立金融机构形象。

11. 金融服务品牌定位的概念：金融服务品牌定位是指金融机构在金融市场上为自己的品牌树立一个明确的、有别于竞争对手品牌的、符合消费者需要的形象，目的是在消费者心中占据一个有利的位置。

12. 金融服务品牌定位的原则：（1）要考虑金融产品本身的特点；（2）要考虑企业自身的资源条件；（3）要考虑成本收益；（4）要考虑竞争者的定位；（5）要与金融机构自身的定位相统一。

13. 金融服务品牌定位的流程：（1）确认金融机构的竞争优势；（2）准确地选择相对竞争优势；（3）明确显示独特的竞争优势。

14. 金融服务品牌的策略：（1）统一品牌策略；（2）个别品牌策略；（3）分类品牌策略；（4）企业名称加个别品牌策略。

15. 金融服务品牌营销的实施途径：（1）建立金融机构品牌主导的品牌组合；（2）创造强烈的组织联想；（3）运用全方位的品牌要素；（4）建立合理的品牌科层结构；（5）金融服务品牌的内在化。

第七章 金融服务产品定价

由于金融服务产品的特殊性，相比于一般有形产品，对金融服务产品定价要困难得多。金融服务产品定价的重要特点就是客户不需要直接向金融机构支付费用，金融机构一般会直接从客户账户中扣除。因此，在保证盈利的情况下，制定出让客户满意的产品价格，成为金融机构面临的主要难题。

 ［案例引入］

持续深化利率市场化改革

中央金融工作会议强调，要坚持深化金融供给侧结构性改革。利率市场化是金融供给侧结构性改革的核心内容之一。中国人民银行将坚持把金融服务实体经济作为根本宗旨，持续深化利率市场化改革，健全市场化利率形成、调控和传导机制，更好发挥利率在金融资源配置中的关键作用，引导融资成本持续下降，不断提升货币政策支持实体经济发展的质效。

一、利率市场化改革取得新成效

1. 着力推动存贷款利率市场化。一是推进贷款市场报价利率（LPR）改革。2019年8月，中国人民银行改革完善LPR报价形成机制，LPR成为金融机构贷款利率定价的参考基准。二是建立存款利率市场化调整机制。2022年4月，中国人民银行指导建立了存款利率市场化调整机制，利率自律机制成员参考市场利率变化合理调整存款利率水平。

2. 适时调整优化房贷利率政策。一是建立新发放首套房贷利率政策动态调整机制。二是调降房贷利率政策下限。三是推动降低存量首套房贷利率。

3. 有效维护利率市场竞争秩序。贷款利率方面，督促金融机构坚持风险定价原则，理顺贷款利率与国债收益率等市场利率之间的关系，合理确定贷款利率水平。积极推动放贷机构明示贷款年化利率，充分保护金融消费者知情权和自主选择权。存款利率方面，督促金融机构规范存款利率定价行为，防范破坏市场竞争秩序的不合理定价行为。

二、持续深化利率市场化改革的三个发力重点

1. 健全市场化利率形成、调控和传导机制，疏通资金进入实体经济的渠道，促进优化金融资源配置。

2. 推动存贷款利率进一步市场化，坚持用改革的办法，引导融资成本持续下降。

3. 持续提升房贷利率市场化程度，更好支持刚性和改善性住房需求。

参考资料：中国人民银行货币政策司. 持续深化利率市场化改革［EB/OL］. ［2023－11－06］. http：//www. pbc. gov. cn/redianzhuanti/118742/5118184/5123670/index. html.

[案例讨论]

请结合案例内容思考，我国利率市场化改革为何如此重要？

第一节　金融服务产品定价的特点

一、服务定价的成本特殊性

由于金融服务的特殊性，金融服务定价在成本方面呈现出一系列不同于有形产品定价的特殊性，如金融服务的变动成本很难准确地加以估算、获悉实际价格的滞后性、成本导向定价的难度增大、规模经济与范围经济的有限性等。

（一）金融服务的变动成本很难准确地加以估算

变动成本是产品成本中随着产品数量变动而成比例变动的成本，包括直接材料费用、直接人工费用等。在服务企业中，由于服务的无形性、异质性等原因，准确估算服务的变动成本是很困难的。金融机构接待一位客户的变动成本和其固定成本相比几乎接近于零，而家政服务行业一个顾客的变动成本却很显著。航空公司怎样为单一的消费者确定价格？是否可以在起飞前两小时内将剩余座位的票打折出售？家政服务业对不同清洁服务的顾客该如何制定价格？变动成本的估算问题使成本的确定存在一定的困难。

（二）获悉实际价格的滞后性

许多专业服务，客户只有在服务结束后才能知晓偿付的实际价格。例如，病人去医院看病，事先确切知道的只有挂号费用，最终支付的价格必须在看病结束后，根据医生的各项检查、用药等费用才能确定。

许多定制化的服务，不到服务结束，客户很难确定需要支付的准确价格。服务不可分离性的特征使服务的生产、消费和购买同时进行。理发是个有助于理解的例子：客户本打算花 20 元修剪头发，但发型师在服务流程中建议客户改变头发的颜色，尝试新的造型，客户乐于接受发型师的建议，那么本次理发的最终价格就包括了染发、烫发等项目的价格，只有等理发流程全部结束后才能确知。

金融服务就存在更多的不确定性了。在金融理财类、投资类产品在没有到期之前，客户不知道最终可以获得多少收益，客户所收到的最终收益可能就是关于此次金融服务的最后一条信息。

（三）成本导向定价的难度增大

金融服务变动成本的难以确定及服务流程对最终价格的影响都使服务定价采取成本导向具有较大的困难。其他一些因素的存在也增加了金融服务定价采取成本导向的难度。

首先，金融服务作为一种无形的产品，实物消耗成本在总成本中可能是微乎其微甚至是没有的。

其次，劳动力成本的估算进一步增加了评估具体服务成本的难度。金融机构提供服务的最主要资源仍然是人，而要明确提供金融服务的劳动力的价格是很困难的，在给服务定价时可以以每小时报酬作为定价的基础计入变动成本，但劳动力的技术、知识、经验等无形资源都是难以评估的。更无须说许多服务业的劳动力流动量大，寻找优秀人才也是金融机构经常面临的问题。

最后，很多服务企业不愿意或者不能够事先评估服务产品的价格。只有了解了患者的全部情况之后医院才知道该收取的费用；律师在确定顾客所付费用之前也要先全面掌握顾客的情况。这些因素集合在一起使服务企业对成本的预计和控制难度加大，成本导向也因此很难成为定价方案的首选。

（四）规模经济与范围经济的有限性

由于金融服务的不可分离性及异质性，金融机构很难像产品制造商一样重复制造流程。银行的金融理财服务为不同顾客制订不同的理财计划，发型师为每位顾客提供适合他们的造型建议。服务不仅不能被简单重复，也不可储存，淡季酒店空余的 20 个房间不能留到旺季提供给顾客。金融机构很难依靠规模效应带来成本优势，那些带有定制化要求的服务更要求企业充分考虑顾客的特殊需求。因此，大多数的金融机构都不太可能受益于规模经济和范围经济。

二、金融服务定价的竞争特殊性

类似地，金融服务定价在竞争方面也表现出一系列有别于产品定价的特殊性，如竞争价格的难以比较性和客户自助服务的发展等。

1. 竞争价格的难以比较性。在金融服务消费中，客户更难以对比提供相同或类似服务的竞争对手之间的价格差别。客户在超市选购饼干，比较价格并不是一件很困难的事，不同品牌的饼干前面往往摆放着相应的标价，几乎是一目了然的。然而，金融服务产品价格信息的获取，则相对要复杂得多。

由于金融服务是无形的，人们往往无法把所有金融服务都标上价格并放在一起展示，对于那些高度定制化的服务而言更是如此。在金融服务消费中，价格往往是建立在金融机构对客户情况全面了解的基础之上的。即使客户能够得到真实的价格信息，在类似的金融机构之间进行价格比较也仍然不是件轻松的事。

 ［扩展链接］

信用卡价格比较

随着经济的发展，信用卡成为一种重要的支付工具，许多银行都推出了信用卡业务。当客户想比较各个银行信用卡服务的价格时，需要综合考虑很多因素，如信用卡的年费、最大信用额、还款期限、银行工作效率、服务态度等。为了获得这些信息，客户必须亲自与各个银行信用卡业务的工作人员接触，或者打电话到各个银行咨询，这样的价格比较流程往往需要花费相当多的时间和精力。因此，经常可以看见一些客户在收到某家银行的宣传单或者遇到某家银行的信用卡推广活动就申领信用卡，而当时他们对该银行的服务情况和价格可能还没有完全了解清楚。有一家金融服务公司的调查结果显示，消费者对服务收费情况的了解可能比企业所预期的要少，他们可能不仅不知道需要支付哪些服务费用，而且也不了解应该如何支付金融服务费用。

2. 客户自助服务的发展。由于网络技术的飞速发展，现在客户往往只需要点击网页或者通过各种手机软件 App 就能了解各种金融服务的信息，并比较金融产品的价值。金融业正在将自身一部分业务交由客户自己来完成，如智慧柜员机使客户能够自助完成存取款业务以及其他一些基本的金融业务。诸如此类的自助服务，不仅为金融机构节约了资源、降低了成本，而且也给客户带来了新的服务感知，使客户感受到更多的便利、更高的效率、更多的自主性，甚至更多的控制权等。因此，在服务定价中，自助服务也正受到越来越多的关注。

三、金融服务定价的生产特殊性

金融服务定价在生产方面也表现出一系列有别于有形产品定价的特殊性，如金融服务价格的多样性、产品线定价的复杂性和折扣价格购物的难以储存性等。

1. 金融服务价格的多样性。金融服务的流程性意味着金融机构与客户在服务流程中会有相当多的互动。金融机构需要根据客户对服务的反应进行灵活的应对和调整。这种对客户的关注同样也反映到了服务价格上。如银行贷款要收取费用、金融理财服务要收取费用。在金融业中，"价格"这个名词直接出现的机会可能并不多，它总是以各种各样的名称展现在客户的眼前。金融业中代表价格的名词往往更多地结合了客户的利益，如咨询费、佣金、利息等。

2. 产品线定价的复杂性。在有形产品营销中，有一种广泛应用的定价方式称为产品线定价。它是指一种产品或一组类似的产品采取不同定价的营销行为。由于产品是有形的，所以客户还是能够比较容易地收集产品价格的信息并进行比较，然后在全面评估之后做出购买决策。但在金融业里，金融服务是看不见、摸不着的，客户的比较和评估流程变得十分抽象。一般而言，在金融业中经常会使用产品线定价方式。虽然这种方式给客户提供了根据自身情况作出选择的机会，但却也会给客户带来了不少困惑，从而对金融机构产生了一定的负面影响。例如，私募基金比公募基金要收取更多的服务费，但客户却很难事先知道私募基金的收益是否一定比公募基金好，也很难获悉私募基金的基金经理水平比公募基金的基金经理高出多少。即使事后发现私募基金的基金配置组合和公募基金是一样的，客户也不能要求退还服务费。不过，基金公司的这种做法实际上也是考虑到金融服务的无形性而做出的合理选择（一种有形展示）。在现实中，许多采用产品线定价的金融机构并未给客户提供专业意见和可靠信息，结果使客户很难确切了解价格背后的真实服务信息，从而对客户做出恰当的购买决策产生了一定的负面影响。

3. 折扣价格购物的难以储存性。精明的客户常常会在换季打折时添置衣物，产品制造商和经销商也往往会利用折扣来清理库存。在有形产品营销中，价格往往是影响消费者购买和储存决策的重要手段。但在金融业中，由于金融服务是难以存储的，所以客户就很难利用折扣价来购买和储存服务。服务的易逝性，使得客户在需要服务的时候，一般只能按照当前的市价来进行购买。

第二节　金融服务产品价格的基本构成

金融服务产品的价格构成主要包括两项内容：利率和费用。

一、利率

利率是金融机构在一定时期内收取的利息额与借出本金款项的比例。利息是金融机构向贷款人借出资金而获得的报酬，是资金的使用费用。利率是金融产品价格的重要组成部分，是金融机构收益的主要来源。

二、费用

各类金融产品的费用是金融产品价格的重要组成部分，是金融机构进行产品定价时需要考虑的重要方面。金融机构的业务费用收入是企业利润的重要来源，如银行通过为客户办理支付结算、基金托管、咨询顾问及担保等服务而收取的手续费；保险公司向投保人提供的为其提供保险保障而收取的保险费；证券公司为客户提供股票代理买卖服务收取的股票佣金。

金融机构费用主要由传统业务收费和创新业务收费构成。

1. 传统业务收费。传统业务包括汇费、账户费、兑换费、结算费、保管费、担保费、咨询费、开户费等。其特点如下：（1）相对稳定；（2）具有潜在竞争性，金融机构之间争夺客户的竞争日益激烈。

2. 创新业务收费。创新业务收费主要表现在日益创新的金融衍生品上。其特点如下：（1）险惠并存性，高收益高风险并存；（2）具有技术依赖性；（3）新旧结合性，以现有业务为基础；（4）快速发展且多样化、系统化、综合化。

第三节　金融服务产品定价的基本程序

金融服务产品定价是一个循环往复的过程，需要在基本的定价策略原则下不断地加以调整，以适应市场和企业战略目标的需要。其定价的基本程序为选择定价目标→收集和分析与定价相关的信息和客户需求→收集和分析影响价格的因素→选择定价方法→执行定价策略→最终确定价格。本节讲述前三个程序，第四、第五个程序于第四节、第五节讲述。

一、选择定价目标

金融产品在定价以前，要考虑一个和营销目标相协调的定价目标，作为其定价的依据。金融产品的定价目标有以下五种。

1. 生存目标。在市场条件不利的情况下，舍弃期望利润，确保生存而定价。

2. 利润最大化目标。根据不同产品竞争者定价，为了保证一定时期内的最大利润水平，包括长期利润最大化和短期利润最大化。金融机构应兼顾企业长期利润与短期利润的协调平衡，不能片面追求眼前利益，忽视长远利益。

3. 市场份额最大化目标，即为占领最大的市场份额而定价。金融机构在考虑竞争目标时，应设计追求将来更大收益的考核制度，促进各分支机构愿意在必要情况下牺牲短期利润。

同时，为使金融机构最终占有较大市场份额，金融机构要不断优化金融产品，提升产品的附加值，不断满足客户变化的需求。

4. 信誉目标，即确定金融机构的信誉，成为客户最满意的、最信任的企业。

5. 投资回报目标，即基于实现所期望的投资回报来定价。

二、收集和分析与定价相关的信息和客户需求

金融产品定价时，收集和分析与定价相关的信息以及客户需求是至关重要的。这些信息不仅有助于金融机构制定合理且具有竞争力的价格，还能确保产品满足市场需求，提高客户满意度。

（一）宏观经济环境分析

宏观经济环境是影响金融产品定价的重要外部因素。通过国家统计局、人民银行、国际货币基金组织等权威机构发布的报告，我们可以获取一系列宏观经济指标，这些指标为金融产品的定价提供了重要的参考依据。

1. 通货膨胀率。通货膨胀率反映了货币购买力水平，高通货膨胀率通常意味着货币价值不稳定，投资者对金融产品的收益率要求也会相应提高。因此，在通货膨胀率较高时，金融产品的定价需要考虑通货膨胀对实际收益率的侵蚀，确保产品能够提供足够的保值增值功能。

2. 利率。利率是金融市场上的资金价格，直接影响金融产品的成本和收益。例如，在利率上升的环境下，存款类金融产品的吸引力会增加，而贷款类金融产品的成本也会上升。因此，金融机构在制定金融产品的定价时，需要密切关注市场利率的变动趋势，以便及时调整产品定价水平。

3. 汇率。对于涉及外汇交易的金融产品来说，汇率的变动直接影响产品的收益和风险。汇率的波动可能导致金融产品的价值出现大幅波动，因此金融机构在制定涉及外汇的金融产品定价时，需要充分考虑汇率风险，并采取相应的风险管理措施。

4. GDP 增长率。GDP 增长率是反映一个国家或地区经济总体增长情况的重要指标。高 GDP 增长率通常意味着经济繁荣、投资机会增多，投资者对金融产品的需求也会相应增加。此时，金融机构可以适当提高金融产品的定价水平以获取更高的收益；而在经济增长放缓或衰退时，则需要降低定价以吸引客户。

（二）风险因素评估

金融产品定价中必须充分考虑风险因素的影响。通过风险评估模型、历史数据、专家意见等渠道收集到的信息可以帮助金融机构评估金融产品的风险程度并制定相应的风险管理措施。金融产品的风险一般有以下几种。

1. 信用风险。信用风险是指借款人或交易对手未能按照合同约定履行义务而导致金融机构遭受损失的风险。金融机构需要评估借款人的信用状况、还款能力等因素来确定金融产品的信用风险水平，并在定价中考虑信用溢价以弥补潜在的损失。

2. 市场风险。市场风险是指市场价格波动而导致金融机构遭受损失的风险。对于涉及市场交易的金融产品来说，市场风险是不可避免的。金融机构需要密切关注市场动态、分析市场趋势并制定相应的风险管理措施以降低市场风险对金融产品定价的影响。

3. 操作风险。操作风险是指由于内部流程、人员、系统或外部事件等因素而导致金融机构遭受损失的风险。金融机构需要加强内部控制、提高员工素质、完善信息系统等方面的建设以降低操作风险对金融产品定价的影响。

（三）客户需求分析

在金融产品定价过程中，深入理解客户需求是至关重要的。通过问卷调查、客户访谈、焦点小组讨论等多种方法，金融机构能够收集到丰富的客户数据，这些数据为制定符合市场需求的定价策略提供了坚实的基础。

1. 问卷调查。问卷调查是一种高效且广泛应用的客户需求收集方式。金融机构可以设计包含多个维度和层次的问卷，覆盖客户的金融知识、投资经验、风险偏好、产品需求、购买意愿等多个方面。问卷可以通过线上（如电子邮件、社交媒体、官方网站）或线下（如银行网点、展会现场）渠道发放给目标客户群体。

（1）设计问卷。问卷设计需要具备科学性和针对性，问题应简洁明了，避免引导性和模糊性的表述。同时，问卷应包含开放式和封闭式问题，以便收集到定性和定量的数据。

（2）数据分析。收集到问卷数据后，金融机构需要运用统计软件对数据进行整理和分析。通过计算频率、百分比、交叉分析等统计指标，可以发现客户的共性和差异性需求，以及不同客户群体之间的偏好差异。

2. 客户访谈。客户访谈是一种深入了解客户需求和偏好的质性研究方法。金融机构可以选择具有代表性的客户进行"一对一"或小组访谈，通过深入交流了解客户的真实想法和需求。

（1）选择访谈对象。访谈对象应具有代表性，能够覆盖不同年龄段、职业背景、收入水平的客户群体。同时，金融机构也可以邀请老客户、潜在客户或行业专家参与访谈，以获取更全面的信息。

（2）设计访谈提纲。访谈提纲应围绕金融产品的核心特点和客户需求展开，包括产品的功能、收益、风险、购买意愿等方面。同时，访谈过程中也可以灵活调整问题顺序和深度，以捕捉客户的即时反馈和深度见解。

（3）记录与分析。访谈过程中需要详细记录客户的回答和反馈，并进行后续整理和分析。通过归纳总结客户的意见和建议，金融机构可以发现潜在的市场机会和客户需求点，为定价策略的制定提供有力支持。

3. 焦点小组讨论。焦点小组讨论是一种集体讨论式的客户需求收集方法。金融机构可以组织具有相似需求或背景的客户进行小组讨论，通过互动和交流了解他们的共同需求和意见。

（1）确定讨论主题。讨论主题应围绕金融产品的核心特点和客户需求展开，确保讨论内容具有针对性和实用性。同时，讨论主题也可以根据前期问卷调查和客户访谈的结果进行调整和优化。

（2）组织讨论过程。讨论过程中需要有一位经验丰富的主持人来引导话题和控制讨论节奏。主持人需要确保每位参与者都能充分表达自己的意见和看法，并鼓励不同观点之间的交流和碰撞。同时，金融机构也可以邀请行业专家参与讨论，以提供更具权威性和前瞻性的见解。

（3）总结与反馈。讨论结束后，金融机构需要对讨论内容进行总结和整理，提炼出有价值的客户需求和意见。同时，也需要将讨论结果及时反馈给相关部门和团队，以便在制定定价策略时充分考虑客户需求和意见。

三、收集和分析影响价格的因素

收集和分析影响价格的因素是金融机构正确制定产品价格的关键。影响金融产品价格的因素是多样的，主要有以下几种。

（一）产品的经营成本

成本是定价策略中的重要因素，是产品价格的底线。对金融机构而言，成本核算是十分重要的。因为只有完善成本核算体系，才能确定产品的最低价格，确定自身的竞争优势或劣势，有效地降低成本，从而增强核心竞争力。当然，成本越低，金融产品定价的幅度也就越宽，金融机构对金融产品定价的自主性就越强。

就金融机构而言，成本主要包含以下五项内容。

1. 开发成本。开发成本是将金融产品和服务引入市场时发生的，这部分成本需要较长时间分摊。

2. 管理成本。管理成本是指为了组织和管理金融机构生产经营活动而发生的各项费用，如广告费、管理人员的薪酬、保险和其他费用等。

3. 利息成本。利息成本是金融机构为筹集和使用资金而付出的代价，主要指因占用他人资金而应支付的费用，如个人和公司通过银行存款向银行提供资金从而收取存款利息。

4. 固定成本。固定成本是指银行为了提供服务所花费的基本资源，如土地、建筑物、设备等，在短期内一般变化不大，但在长期内也会发生变动。

5. 可变成本。可变成本是随着银行产品销售量的变动而变化的成本，如销售佣金、邮寄费用等。

[扩展链接]

精准滴灌小微，平安银行打造"稳经济"范本

为做好小微金融服务，在"真普惠、真小微、真信用"的准则下，平安银行持续创新升级产品及服务。如创新推出"新微贷"业务，在2022年3月各地疫情状况突发时，将部分线下流程线上化，持续优化各流程以及交互界面，引导小微客户独立快捷完成线上贷款申请，切实解决小微企业及个体工商户的资金问题；创新推出"小微智贷星"模式，在原有新一贷（经营类）、新微贷基础上新融合微 e 贷、数保贷产品，通过接入金融、工商、税务、司法、电信数据实现企业一次申请系统多产品核额，并根据企业客户特点为其提供契合的信贷产品，将时效快速提升至小时级别；为小微企业主创新发行"生意通"卡。结合集团优势资源，打通权益体系，为小微卡主减免各项结算费用，提供全方位权益。

可以看到的是，通过各项举措，平安银行切实降低普惠小微企业融资成本，让利于小微。数据显示，从 2021 年 9 月 30 日至 2022 年 3 月 31 日，该行对小微企业和个体工商户累计减免支付结算手续费规模超 6400 万元，自主降费项目的实际累计降费规模近 1900 万元，累计惠及小微企业和个体工商户数近 53 万户。

资料来源：陈婷. 精准滴灌小微，平安银行打造"稳经济"范本［N］. 投资时报，2022－07－27.

（二）客户的价值判断以及各种价格预期

金融产品定价的目的不仅在于弥补成本，更重要的是要符合客户心目中的产品价值。

客户的价格预期心理、价格折射心理以及质量价格心理等，在不同程度上影响着客户的购买行为，并进而影响金融产品的需求量与价格水平。客户的价格心理，是指客户对产品未来价格的变化做出估计后所产生的心理活动。客户的价格折射心理，是指客户认为所购产品的价格可以反映自己身份的一种心理活动。客户的质量价格心理，是指客户将价格看作产品质量反映的一种心理活动。

不同客户对价格的敏感程度是不同的，如价格敏感者会对金融机构价格的调整做出投资规划的调整。所以，金融机构还需要了解客户的需求价格弹性，即了解价格变动所带来的客户需求量的变动，以避免小幅度的提价而失去大量的客户，或降价却对产品销售没有影响这两种情况的发生。

另一方面，金融机构必须善于挖掘市场中未被其他金融机构识别的潜在客户需求，设计出符合这种需求的金融产品，以独特的产品取得市场占有率。

1. 影响顾客价格敏感度的因素。影响价格敏感度的产品因素主要包括金融产品替代品的多少、金融产品的重要程度、金融产品的独特性、金融产品本身的用途、金融产品的转换成本和品牌以及一些情境因素。

（1）金融产品替代品的多少。替代品越多，客户的价格敏感度越高，反之则越低。替代品是指同样能够满足顾客某种需要的产品，包括不同类产品、不同品牌产品和同一品牌的不同价位产品，如汽车、火车、轮船和飞机都能满足顾客旅行的需要，因此相互之间都是替代品。

（2）金融产品的重要程度。金融产品对客户越重要，客户的价格敏感度越低。尤其是生活必需品，与人们的生活息息相关，客户对这些产品的需求受到价格变动的影响不大。

（3）金融产品的独特性。越独特的产品客户对其价格敏感度越低；反之则对其价格敏感度越高。这种情况经常发生在信息技术、医药和金融行业。新产品的独特性为产品带来溢价，因此金融机构在推出新产品时，往往制定一个很高的价格，当类似产品出现时，再进一步降价。同时，产品的独特性会让产品与竞争产品的价格难以比较，此时，顾客的价格敏感度也会降低。

（4）金融产品本身的用途多少。客户对用途越广的产品价格敏感度越高；反之则价格敏感度越低。用途广是指该产品能满足客户的多种需求，而有些需求是必需的，有些却是可有可无的，因此，价格的变动将引起需求量的变化。

（5）金融产品的转换成本。转换成本是指客户从一个产品或服务的提供者转向另一个提供者时所产生的一次性成本。这种成本不仅仅是经济方面的，还包括时间、精力和情感方面。它是构成金融机构竞争壁垒的重要因素。客户对转换成本高的产品价格敏感度低，反之价格敏感度高。当转换成本低时，客户可以更随心地选用新产品。转换成本门槛的高低将对客户的敏感度产生最直接的影响。

（6）品牌定位。品牌定位将直接影响客户对产品价格的预期和感知。客户往往认为，高档知名品牌应当收取高价，使用高档品牌是身份和地位的象征，同时高档品牌会有更高的产品和服务质量。此时，品牌成为客户购买的首要因素。而客户对品牌的依赖和忠诚也会降低顾客的价格敏感度。

（7）价格变动幅度。客户对价格的感受更多取决于变化的相对值而非绝对值。如一辆自行车降价 200 元与一辆汽车降价 200 元对顾客感受的影响是不同的。另外，价格在上下限内变动不会被顾客注意，而超出这个范围顾客才会很敏感。在价格上限内分次提高价格比一次性提高价格更容易被顾客接受；相反地，如果一次性将价格降到下限以下，比连续几次小幅度的减价效果更好。

（8）参考价格。参考价格是指能为客户提供一个参照，从心理上影响顾客感知的公平价格。参考价格通常作为客户评价产品价格合理性的内部标准。上次购买价格、过去购买价格、客户个人感知的公平价格、钟爱品牌的价格、相似产品的平均价格、推荐价格、预期价格都能影响参考价格的形成。

另外，购物环境、购物地点、宣传力度、公司形象，以及品牌价值也会对参考价格产生影响。对参考价格的运用是比较普遍的。如通过提高某种产品或服务的价格而提高整个产品线的参考价格，从而让客户对该产品线中其余产品的价格感到实惠。

（9）数字的影响。不同的数字对顾客的心理影响是不同的。如以小数位定价与整数定价相比，虽小数位定价的实际价格与整数相差无几，但感觉上却有很大的差别，即 99 元要比 100 元便宜许多。

同时，对于价格变动的不同形式，顾客也会有不同的反应。如对两组下降数额相同的价格而言，从 99 元降至 85 元与从 103 元降至 89 元相比，从 103 元降至 89 元的价格变动会让顾客感觉到更多的实惠，因为顾客对价格的比较首先从第一个数字开始，只有当第一个数字相同时才会依次比较后面的数字。

2. 需求价格弹性。需求的价格弹性是用来衡量一单位价格的变动所引起的需求量变动的幅度。即价格每变动 1% 而引起需求量变化的百分率。这两个百分率的比值，称为弹性系数，记为 Ep，Ep 的数值可能为正数、负数。Ep 为正还是为负，所表示的仅仅是有关变量变化的方向性关系，而 Ep 的绝对值的大小则表示了变化程度的大小。

$Ep = 1$（单位需求价格弹性）：说明需求量变动幅度与价格变动幅度相同。即价格每提高 1%，需求量相应地降低 1%。反之则提高。

$1 < Ep < \propto$（需求富有弹性）：说明需求量变动幅度大于价格变动幅度。即价格每变动1%，需求量变动大于1%。说明客户对金融产品或服务的价格反应敏感，金融机构降低产品或服务的价格会引起销售量大幅度上升，其上升幅度大于价格下降幅度，从而销售收入增加，利润增加。如贷款的弹性就较大。

$0 < Ep < 1$（需求缺乏弹性）：说明需求量变动幅度小于价格变动幅度。即价格每变动1%，需求量变动将小于1%。说明客户对金融产品或服务的价格反应不敏感，金融机构提高产品或服务的价格，销售量下降幅度小于价格上升幅度，从而销售收入增加，利润增加。如支票、汇款的需求弹性就较小。

$Ep \to 0$（需求完全无弹性）：在这种情况下，需求状况具有需求量不随价格的变动而变动的特点。

处在不同类型竞争市场的金融机构必须关注价格对客户需求的影响，即要研究和分析客户需求的价格弹性，以反映客户需求变动对价格变化的灵敏程度。金融机构可以通过提高无弹性产品的价格使其收益最大化，同时降低富有弹性产品的价格以争取新的客户。

（三）竞争因素

定价是一种挑战行为，任何一次价格调整都会引起竞争者的关注，迫使竞争者采取相应策略。在价格对抗中，竞争力强的占优势，故在市场营销过程中，竞争者的定价行为必然影响金融机构产品的定价。

随着金融业竞争的加剧，金融机构在制定产品价格时还应充分考虑竞争对手的情况。

首先，金融机构应将自身产品与竞争者产品进行比较。若产品相似，则可考虑制定与竞争者相近的价格；若自身的产品在收益、风险控制以及便捷性等方面有优势，则可考虑制定较高的价格。另外，金融机构的总体战略和该产品在市场上的定位也会对产品的价格产生重要的影响。

如果金融机构提供的同质产品价格高于金融业平均水平，产品必然会失败。通过对竞争者的公开数据和信息如年度报表、新产品开发广告以及历史定价情况等的分析，测定其成本的结构，可以为自身价格的制定形成很好的参照体系。一些外资商业银行在本国的银行零售业务中获得竞争优势的方法是通过对主要竞争对手的结算流程和成本进行观察预测，并根据自身成本基准点设计定价来占有市场。

（四）政策法规限制因素

由于金融行业的特殊性，金融机构的经营活动受到国家各种政策法规的严格限制，金融机构的定价行为也不例外。政府金融政策法规的调整和变动，会在不同程度上影响金融机构产品和服务的价格和成本。一方面，政策法规会给予企业一定的定价自主权；另一方面，政策法规会对企业产品的定价进行限制。随着我国利率市场化的推进，我国金融机构定价的自主权也随之增大。

 ［扩展阅读］

我国的商业银行在进行定价决策时，必须严格遵守国家制定的各项金融政策以及《中华人民共和国商业银行法》《中华人民共和国外汇管理条例》《储蓄管理条例》《贷款通则》等一系列金融法律法规的有关规定，并自觉接受金融监管机构的监督管理。根据上述政策法规相关规定，银行不得违背反垄断的法规，不可以与其他银行共谋制定垄断价格操纵金融市场。除了对利率、汇率进行严格的管制外，对中间业务收费也有相关的规定。继 2001 年 6 月中国人民银行颁布了《商业银行中间业务暂行规定》后，2003 年 6 月 26 日，中国人民银行又出台了《商业银行服务收费管理暂行办法》，对中间业务收费有了明确规定，银行的中间业务定价必须在此法律框架内。2014 年 2 月 14 日，中国银监会、国家发展改革委发布《商业银行服务价格管理办法》。2022 年 7 月 15 日，中国银保监会出台了《关于规范银行服务市场调节价管理的指导意见》。

（五）风险因素

风险防范作为影响金融机构业务经营活动中的内因，是金融机构在产品定价时需要考虑的重要因素。金融机构在定价时，必须考虑金融产品在消费过程中所面临的风险及风险大小，区别业务的市场风险、违约风险、利率风险等，评定业务的风险等级，进而确定利率水平。一般而言，风险高的业务利率高，风险低的业务利率低。

 ［案例分析］

银行业积极响应政策，减费让利惠民生，多措并举促实体经济发展

中国银保监会 2022 年 1 月发布的《关于规范银行服务市场调节价管理的指导意见》（以下简称《指导意见》）旨在强化银行服务收费的透明度与合理性，助力实体经济健康发展，并优化民众金融消费体验。该《指导意见》聚焦于银行自主定价的非政府指导价服务，广泛覆盖支付结算、电子银行、理财、代理等多个领域，明确了服务分类与管理方向。

尤为值得关注的是，《指导意见》积极倡导银行机构对老年人、残疾人等特殊群体实施更加人性化的服务策略，包括但不限于账户管理、存取款及支付汇划等基础服务的优化与费用减免，确保服务价格优惠措施透明化，充分保障金融消费者的知情权。

响应此号召，多家银行迅速行动，纷纷调整服务收费政策，以实际行动践行减费让利、惠企利民。中国银行自 2022 年初起全面取消了个人借记卡年费和小额账户管理费，直接减轻了广大客户的经济负担。交通银行则对借记卡工本费进行了细致调整，既保持了服务的多样性，又兼顾了费用的合理性。工商银行与农业银行也不甘落后，前者调整了银行询证函业务收费标准，特别对小微型企业实施费用豁免，后者则早在 2021 年末便宣布了对小微企业和个体工商户的询证函费用减免及优惠措施。邮储银行则在基金申购领域推出限时优惠，通过网上银行和手机银行渠道为投资者提供费率折扣，进一步降低投资成本。

这一系列举措不仅彰显了银行业积极响应政策导向、主动承担社会责任的决心，也为实体经济特别是小微企业和弱势群体的健康发展注入了强劲动力，有效提升了金融服务的普惠性和可获得性。

[案例讨论]

分析各类银行调减或取消对部分金融服务的收费对金融服务营销的影响。

第四节　金融服务产品定价的方法

按照影响金融服务产品价格因素和定价的依据不同，金融服务产品的定价方法也不同，可以分为以成本为导向的定价方法、以需求为导向的定价方法和以竞争为导向的定价方法。

[案例引入]

信用卡透支利率市场化：重塑市场格局与消费者选择

2020年12月31日，中国人民银行发布《关于推进信用卡透支利率市场化改革的通知》。自2021年1月1日起，信用卡透支利率由发卡机构与持卡人双方自主协商确定，这一历史性变革不仅标志着信用卡市场迈向了更加开放和自由的新阶段，也预示着市场格局的深刻调整与重塑。

截至2023年末，我国人均持有银行卡6.93张，其中人均持有信用卡和借贷合一卡0.54张[①]，反映了消费者金融习惯的多元化发展，以及对信用卡功能和服务需求的日益增长。

信用卡透支利率市场化的深入实施，其影响已逐渐显现。一方面，发卡机构在利率设定上拥有了更大的自主权，能够根据市场变化、竞争态势及客户需求灵活调整透支利率，这不仅促进了市场的差异化竞争，也为消费者提供了更多元化的选择。另一方面，对于持卡人而言，这一变革无疑带来了更为灵活的还款方式和更低的融资成本。特别是对于那些信用记录良好、还款能力强的优质客户，他们更有可能享受到银行提供的更为优惠的透支利率政策。

透支利率的市场化也带来了新的挑战。对于无法按时还款的持卡人来说，他们需要更加谨慎地管理自己的财务状况，避免因利率波动而增加还款负担。同时，随着市场透明度的提升和消费者金融素养的提高，持卡人在选择信用卡产品时将更加注重利率水平、服务质量及费用结构等方面的综合考量。

中国人民银行在推进信用卡透支利率市场化改革的过程中，始终强调信息披露的充分性和透明度。要求发卡机构通过官方网站等渠道及时、准确地披露信用卡透支利率及相关费用信息，并在信用卡协议中以显著方式提示持卡人相关条款内容。这一举措不仅保障了持卡人的知情权和选择权，也促进了市场的健康有序发展。

---

① 数据来源：罗知之. 央行：截至2023年末人均持有银行卡6.93张［EB/OL］.［2024－03－29］. http://finance. people. com. cn/nl/2024/0329/c/004－40206478. html.

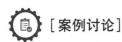 ［案例讨论］

请结合案例内容思考，信用卡和借记卡在定价策略上如何体现差异化？面对非银行支付机构的竞争，银行卡（尤其是信用卡）如何调整定价策略以吸引用户并保持市场份额？

一、以成本为导向的定价方法

以成本为导向的定价方法主要将成本作为定价依据，在产品销售的过程中进行成本补偿。由于金融服务具有同质性和易于仿效性的特点，金融服务的成本价格相对比较稳定，并易于计算。

（一）成本加成法

成本加成法是最基本的定价方法。金融机构在完全成本（直接成本加间接成本）的基础上加一定比例利润制定价格。此种方法关注的是成本的回收和利润的获取。

其计算公式为

$$单位产品价格 = 单位产品成本 + 单位产品的预期利润$$

 ［扩展链接］

成本加成定价法——贷款

由成本加成定价法，贷款价格可以通过下列公式计算：

贷款利率 = 资金成本 + 非资金性成本 + 风险成本 + 成本利润率

非资金性成本即手续费、佣金成本、人工成本以及管理成本等。

当金融机构贷款给他人时就会承担一定的风险，因而需加入风险成本，如信用风险等。信用风险是借款人因各种原因未能及时、足额偿还债务而违约的可能性。发生违约时，金融机构因未能得到预期的收益而承担财务上的损失。对于这种可能的损失，金融机构会收取一定的费用作为补偿。

另外，风险成本因顾客而异。有的顾客风险成本较高，因此相应的贷款利率也会提高。对贷款价格采用成本加成法进行计算，一方面需要金融机构能够对成本进行核算，另一方面需要金融机构能够充分评估贷款的风险以确定风险成本。

成本加成定价法的优点在于：（1）比较简单，容易被接受和实行。（2）金融机构必须明确其各项业务的成本，明确金融机构在一定时期内要实现的利润目标，从而有利于金融机构较好地控制成本、提高竞争力。（3）当竞争者都采用这种定价方法时，价格容易趋向一致，从而减缓竞争的激烈程度。（4）固定的目标利润加成可以使金融机构获得一个比较稳定的收入。

成本加成定价法的缺点在于：仅从金融机构自身角度出发，忽略了需求和竞争等因素的影响，具有一定的局限性。

（二）盈亏平衡定价法

盈亏平衡定价法是指金融机构在销量既定的条件下，金融产品的价格必须达到一定的水平才能做到盈亏平衡、收支相抵。既定销量称为盈亏平衡点，如果价格低于这一界限，就会亏损；如果价格高于这一界限，就会盈利，即

$$盈亏平衡点销售额 = \frac{固定成本}{1 - 单位成本变动率}$$

盈亏平衡定价法的优点在于可以使金融机构灵活掌握价格水平，而且运用也比较方便。

（三）目标效益定价法

目标效益定价法是金融机构根据总成本和所估计的总销售量确定一个目标收益率，作为定价的标准。金融机构可以随时根据市场的竞争状况、金融产品的生命周期等因素，及时调整企业的收益率，使金融产品价格更具有竞争力。

二、需求导向定价法

需求导向定价法是金融机构将市场或客户对金融产品和业务的需求状况、接受程度和对产品价值的理解等，作为其定价的主要依据。对于主要以服务功能为主的金融服务产品，需求导向定价法是一种重要的定价法。

需求导向定价法的优点：（1）比较充分地考虑了市场的消费变化状况和客户不同的承受能力，从而有利于使金融机构的金融产品比较符合市场的要求和消费者的情况；（2）有利于金融机构扩大产品的销售和提高市场占有率，并获得较多的长期利润。

需求导向定价策略的缺点：由于影响金融产品需求的因素较多，且金融机构较难准确地对其进行把握并确定其影响程度，因此，需求导向定价策略在具体实行中存在着一定的困难，并且需要一定的实行条件。

（一）理解价值定价法

理解价值定价法是以客户对金融产品价值认知和感受程度作为定价的基本依据。由于客户购买产品时总会在同类产品之间进行比较，选购那些既能满足其投资、理财或经营需要，又符合其支付标准的金融产品。客户对产品价值的理解不同，会形成不同的价格限度。如果产品定价刚好在这一限度内，客户就不愿意失去这次购买机会，会顺利购买。

（二）需求差异定价法

1. 按经营风险划分。根据对客户的风险程度评估，可将客户分为高风险顾客、中风险顾客、低风险顾客。对这三类顾客，金融机构应在基准价格基础上加上不同的风险溢价，风险等级越高，溢价越高。

就银行的贷款业务来说，对于高风险客户，金融机构并非采取加收较高风险溢价的方法，而是遵从信贷配给思想，即只接受一部分人的贷款申请，对另一部分即使愿意支付高利率的人也要拒绝他们的贷款申请，或者只部分接受这些人的贷款申请，如对100万元的贷款申请只贷出20万元。

对于期限较长的贷款，银行还会加上期限风险溢价，因为时间越长，不确定性越

大，风险也就越高。

2. 按客户对金融服务的依赖度划分。根据客户对金融服务的依赖度可将客户分为高度依赖客户、中度依赖客户、低度依赖客户三类。如从事炒汇、炒股活动的个人对网上银行的依赖度比一般个人高；拥有大量分支机构和销售网点的大型企业集团对网络结算服务的依赖度比中小型企业客户高。客户对金融产品的依赖度决定了其需求的价格弹性和讨价还价能力。客户依赖度的提升和需求价格弹性的降低让金融机构可以对这些客户提高收费标准，从而获得高于平均水平的收益。

3. 按客户对金融机构利润的贡献率划分。按客户对金融机构利润的贡献率可将客户分为高端客户、中端客户、低端客户三类。这里的高端顾客和低端顾客指的是对金融机构利润贡献的高低而非对金融机构收入贡献的高低。如一些大型企业确实使用了金融机构的很多产品，同样也是某金融机构收入的重要来源，但由于这类企业具有较强的谈判能力，要求金融机构降低收费和提供专业定制的产品，致使金融机构所得回报较低。

为此，金融机构不仅要关注客户对收入的贡献，还要关注客户对利润的贡献，即客户的盈利性。在对客户进行细分后，金融机构需要根据不同客户的不同需要对产品进行改造，以体现不同程度的价值，绝不能对完全相同的一种产品执行多种价格。对依赖度或贡献度较高的客户群体，可以在原产品的基本功能上增加一些这个客户群体普遍需要的其他附加功能，以提升原产品价值。

 ［扩展链接］

兴业银行厦门分行金融产品定价策略的创新与差异化

兴业银行厦门分行财富团队精心策划，为市民呈现了大额存单、礼仪存单、优选理财、精选基金、贵金属及保险等多元化金融产品，旨在满足不同投资者的需求。其贵宾客户尊享服务尤为突出，私人银行提供个性化金融咨询与增值服务，涵盖节日礼遇、健康养生、医疗咨询等，全方位提升客户体验。

兴业银行为贵宾客户提供贵宾增值服务体系，不仅包含专属理财经理、资费优惠等基础服务，更增设机场贵宾、健康医疗等专属特权，并通过积分制度，让客户灵活兑换礼品与服务，展现了对客户的真诚回馈。

针对"一老一少"，兴业银行创新推出萌宝校园教育卡与"安愉人生"服务，前者融合教育与理财，助力年轻家庭规划未来；后者则聚焦老年客群，在提供金融便利的同时，关注其精神健康与财产安全，展现银行的社会责任感。

兴业银行厦门分行的金融产品定价策略展现出了高度的市场敏感性和客户导向性。一方面，通过大额存单、优选理财等产品的差异化定价，满足不同风险偏好的客户需求，既保证了产品的市场竞争力，又兼顾了银行的盈利空间。另一方面，针对贵宾客户的增值服务，提升了客户的忠诚度，还体现了银行在金融产品定价上的创新与灵活性。总体而言，兴业银行厦门分行的金融产品定价策略既符合市场规律又贴近客户需求，为其赢得了良好的市场口碑和客户基础。

4. 时间差异。时间因素可能导致客户对金融产品需求的变化，因此金融产品价格也可按时间差别做适当调整。

5. 地点差异。生活在不同地域的客户因其所处环境不同，对金融产品的需求往往有很大差异，所以在产品价格中也应该有所体现。

三、竞争导向定价法

在竞争十分激烈的市场上，金融机构可以竞争对手的生产条件、服务状况、价格水平等因素作为定价参考，根据市场竞争状况变化，并依据自身的竞争实力，及时调整金融产品的价格，或与竞争产品保持一定的比例，而不过多考虑成本与市场需求因素的定价方法。这种盯住竞争者价格的定价方法就是通常所说的竞争导向定价法。

由于金融机构服务与业务具有同质性、易于仿效等特点，因此竞争导向定价法对于金融机构，尤其是规模较小、实力相对较弱的金融机构来说，是较为适用和可取的定价方法。竞争导向定价法主要包括随行就市定价法、密封投标定价法和竞争价格定价法。

（一）随行就市定价法

随行就市定价法主要根据同类产品在市场中的价格来定价，与同类产品市场平均价格保持一致。随行就市定价法适用于以下金融产品：（1）难以估算成本；（2）竞争对手不确定；（3）产品差异很小、同质化严重；（4）市场竞争激烈、金融产品需求弹性小；（5）金融机构希望得到一种公平的报酬和不愿打乱市场现有正常秩序。

随行就市定价法是一种比较稳妥的定价方法，其优点如下：

（1）适用于任何金融产品的定价。（2）平均价格水平常被认为是"合理价格"，易于被客户接受。（3）避免了金融产品价格过高而影响销量的损失和价格过低而降低应得利润的损失，因此采用该价格能为金融机构带来适度利润。（4）与竞争者和平相处，避免了同行之间的价格战。

随行就市定价法的缺点：（1）若竞争者突然降低其产品价格，同类金融产品出售会立即陷入困境。（2）长期对市场价格的追随也不利于金融机构自身定价能力的培养。

（二）密封投标定价法

密封投标定价法主要用于投标交易方式，常用于国债发行等大宗交易中。在招投标竞争的情况下，金融机构根据对其竞争对手报价的估计来定价，而不是按机构自己的成本或市场需求决定报价。一般来说，报价高，利润大，但中标机会小，如果因价高而招致败标，则利润为零；反之，报价低，虽中标机会大，但利润低，其机会成本可能大于其他投资方向，得不偿失。因此，报价时既要考虑实现金融机构的目标利润，也要结合竞争状况考虑中标概率。

 ［扩展链接］

我国国债招标发行方式

招标发行是指通过招标的方式来确定国债的承销商和发行条件。根据发行对象的不同，招标发行又可分为缴款期招标、价格招标、收益率招标三种形式，其中价格招标主要用于贴现国债的发行，收益率招标主要用于付息国债的发行。

（1）缴款期招标。缴款期招标，是指在国债的票面利率和发行价格已经确定的条件下，按照承销机构向财政部缴款的先后顺序获得中标权利，直至满足预定发行额为止。

（2）价格招标。价格招标主要用于贴现国债的发行，按照投标人所报买价自高向低的顺序中标，直至满足预定发行额为止。如果中标规则为荷兰式，那么中标的承销机构都以相同价格（所有中标价格中的最低价格）来认购中标的国债数额；而如果中标规则为美国式，那么承销机构分别以其各自出价来认购中标数额。

荷兰式招标的特点是单一价格，而美国式招标的特点是多种价格。我国目前短期贴现国债主要运用荷兰式价格招标方式予以发行。

（3）收益率招标。收益率招标主要用于附息国债的发行，它同样可分为荷兰式招标和美国式招标两种形式，原理与上述价格招标相似。

招标发行将市场竞争机制引入国债发行过程，从而能反映出承销商对利率走势的预期和社会资金的供求状况，推动了国债发行利率及整个利率体系的市场化进程。此外，招标发行还有利于缩短发行时间，促进国债一级、二级市场之间的衔接。基于这些优点，招标发行已成为我国国债发行体制改革的主要方向。

（三）竞争价格定价法

竞争价格定价法指的是金融机构利用价格因素主动出击，通过在价格上具有竞争优势来获取盈利的定价方法。这是一种积极的定价方法，一般为富有进取心的金融机构所采用。竞争价格定价法主要有与竞争者价格相同、低于竞争者价格和高于竞争者价格三种形式。

第五节　金融服务产品定价的策略

在金融业激烈竞争的环境下，金融机构应当灵活运用多种定价策略，兼顾盈利目标和客户需求的满足，才能获得长远发展。

一、金融新产品定价策略

新产品刚刚投入市场，还没有被客户所熟知，这时需要采取各种价格策略来打开市场，具体有以下三种策略。

（一）撇脂定价策略

撇脂定价策略也称高价策略，是指金融机构将新产品以高价投放市场，以期在初期获取高额利润。

采取撇脂定价方法的条件有以下几个方面：

1. 新产品的价格需求弹性较小。

2. 短期内不会出现竞争者。

3. 新产品对客户有较强的吸引力。

4. 金融机构的提供能力有限，短期内不可能大量向市场提供该种产品或服务。

（二）渗透定价策略

渗透定价策略是一种低价策略，通常金融机构在新产品刚投入市场时，会以低价来快速打开销路，提高市场占有率。当产品达到目标市场份额时，再适当提高价格。

1. 采用渗透定价方法的优点

（1）可以使金融机构迅速打开新产品市场，扩大销量。

（2）由于产品的价格较低，可使竞争者感觉无利可图，从而避免竞争者迅速进入市场，有利于金融机构在一个较长的时期内保持较大的市场占有率，并实现利润的最大化。

2. 采用渗透定价方法的缺点

（1）低价销售产品，造成产品成本或投资的回收期较长。

（2）如果金融机构的竞争力不强，采用这种定价策略，有可能被竞争者所淘汰。

（3）金融产品的低价位，有时可能会使客户产生"便宜没好货"的联想，将低价与产品质量不高、服务不好联系起来，反而会对产品的销售产生不良影响。

（4）产品的渗透定价方法，使用"先低后高"的价格定位方法，理论上合理，但在实践中可能容易引起客户心理上的反感，并遭到客户的抵制，因而难以实行。

3. 使用渗透定价方法应具备的条件

（1）新产品的需求弹性较大，低价能够刺激需求，使需求迅速增加。

（2）新产品的市场容量较为广阔。

（3）新产品的市场购买力较弱，产品以低价出售，容易被客户接受，并有利于扩展市场占有率。因此，一般情况下，渗透定价方法比较适用于创新程度不高、专用性不强的金融产品。

（三）适中定价策略

适中定价策略也称平价营销策略，是一种介于撇脂定价和渗透定价之间的定价策略。该策略力求将产品价格稳定在一个适当的水平，从而获得稳定增长的利润。

二、折扣定价策略

折扣定价策略是金融机构为争取客户而做出的一定价格让步。一般来说，金融机构通过给予客户一定形式的折扣，在一定程度上降低产品价格，调动客户积极性，扩大销量。折扣主要有以下四种形式。

1. 现金折扣。因通常与付款条件有关，现金折扣也称付款折扣。当客户用现金一次性付款或提前付款时，金融机构一般会给予客户一定的价格折扣。

2. 数额折扣。数额折扣是指当客户购买金融产品达到一定数量或金额时，金融机构给予其一定比例的价格折扣，以鼓励客户大量购买该产品。

3. 周期折扣。周期折扣一般适用于季节性消费的产品或市场需求随时间变化而有较大变化的产品，在某些特殊时期给予客户一定价格折扣。

4. 交易折扣。交易折扣也称"功能折扣"，是指金融机构根据代理商或中介在市场营销中的功能给予不同的价格折扣。

[想一想]

你接触过哪些金融产品折扣定价活动？

三、心理定价策略

心理定价策略是金融机构根据客户的心理，采用某些定价技巧，满足客户对产品或服务的需求。心理定价策略主要包括以下三种具体策略。

1. 尾数定价。尾数定价是指金融机构在对金融产品定价时，尽可能在价格数值上采用非整数而保留零头。

2. 声望定价。声望定价是金融机构利用在客户中的声望，将某种金融产品价格定得适当高于同类产品。

3. 招徕定价。招徕定价是金融机构有意将少数金融产品价格定得低于市场价格水平，满足部分客户的求廉心理，刺激客户消费，进而带动其他产品的销售。

四、认知价值定价策略

金融机构在产品定价时，利用营销组合中的非价格因素，在客户心目中建立对某一种产品的认知价值，并以认知价值为依据来进行产品的定价。

实现认知价值定价方法的关键包括以下两个方面。

第一，金融机构能够提供高效的、附加职能较多的产品或服务，并让客户由于其所具有的某些特别之处，感受到其"物有所值"，愿意支付较高的价格来获得金融机构的相关产品或服务。

第二，准确估算客户对产品的认知价值。金融机构需要在进行认真的市场调研和分析以后，比较准确地把握客户对某一金融产品认知价值的高低，以比较准确、合理地进行定价。

五、关系定价策略

关系定价策略是指金融机构通过某些价格策略，建立与客户之间持续且稳定的长期合作关系以提高消费者忠诚度的定价策略。该策略能够吸引客户多购买本金融机构提供的金融服务产品，从而在客观上达到抵制竞争者提供的产品的目的。一般来说，关系定价策略可以采用长期合同和组合优惠两种方式。

1. 长期合同。争取与具有良好发展前景的客户建立长期信用关系，选择签署长期合同是加强与现有客户关系或发展新客户的有效方法。

2. 组合优惠。组合优惠也称组合定价，是将两种或两种以上的相关产品或服务组合起来一起销售。这种组合营销方式会给客户一种"一起购买比分别购买更便宜"的感觉。组合营销之所以可以，是因为金融服务机构的固定成本和可变成本的比率通常比较高，而一项固定成本又往往可以为多项金融服务业务所分摊，可以有效地提升金融服务机构的盈利能力。

 [扩展链接]

中国银行与深圳市人民政府签署全面战略合作协议

2019 年 11 月 22 日，中国银行与深圳市人民政府签署《中国银行服务支持深圳建设中国特色社会主义先行示范区全面战略合作协议》。

根据协议，双方将聚焦深圳建设中国特色社会主义先行示范区的金融需求，围绕现代经济体系建设、对外开放和全球合作、金融科技和智慧城市等领域开展合作。

未来 5 年，中国银行将为深圳符合条件的各类企事业单位、居民提供不低于 5000 亿元的新增授信支持。根据协议，中国银行与深圳市人民政府双方将围绕支持深圳加快实施创新驱动发展战略，加快构建现代产业体系，参与粤港澳大湾区重点区域建设，支持重大项目、重大平台建设等。

签约仪式后，中国银行相关机构与 4 家企业签署了战略合作协议。此外，双方还共同为中国银行在深圳筹设的 7 家机构揭牌。

资料来源：中国银行．中国银行与深圳市人民政府签署全面战略合作协议［EB/OL］．［2019－11－25］．https：//www. china－cba. net/Index/show/catid/35/id/27062. html.

 [案例分析]

广发鼎极无限信用卡

1. 广发银行鼎极无限信用卡申请基本条件

申请人须年满 18 周岁且不大于 65 周岁，工作或常驻地有广发银行分支机构，有稳定的工作和收入。

2. 年费政策

广发银行鼎极无限信用卡年费高达 12000 元，该年费可以免除。在 2020 年 12 月 31日之前开卡并激活，自动减免首年年费；一年内消费满 48 笔免除次年年费。

 [案例讨论]

1. 申请广发银行鼎极无限信用卡的条件是什么？从银行营销的角度看，为什么要确定这些条件？

2. 广发银行鼎极无限信用卡减免年费的目的是什么？你认为这种定价行为会产生怎样的结果？

本章小结

1. 金融服务产品定价的特点：（1）服务定价的成本特殊性；（2）金融服务定价的

竞争特殊性；（3）金融服务定价的生产特殊性。

2. 金融服务产品价格的基本构成：（1）利率，金融机构在一定时期内收取的利息额与借出本金款项的比例；（2）费用，各类金融产品的费用是金融产品价格的重要组成部分，是金融机构进行产品定价时需要考虑的重要方面。

3. 金融服务产品定价的基本程序：选择定价目标→收集和分析与定价相关的信息和客户需求→收集和分析影响价格的因素→选择定价方法→执行定价策略→最终确定价格。

4. 影响价格的因素：（1）产品的经营成本；（2）客户的价值判断以及各种价格预期；（3）竞争因素；（4）政策法规限制因素；（5）风险因素。

5. 金融服务产品定价的方法：（1）以成本为导向的定价方法；（2）需求导向定价法；（3）竞争导向定价法。

6. 金融服务产品定价的策略：（1）金融新产品定价策略，包括撇脂定价策略、渗透定价策略和适中定价策略；（2）折扣定价策略，包括现金折扣、数额折扣、周期折扣和交易折扣；（3）心理定价策略，包括尾数定价、声望定价和招徕定价；（4）认知价值定价策略；（5）关系定价策略，包括长期合同和组合优惠两种方式。

第八章　金融服务产品分销渠道

如果营销是一场马拉松赛跑，那么渠道将是终端之战，渠道被看作营销战的"最后一百米"。如果最后的一百米摔倒，有可能功亏一篑。对于金融机构来说，只有让目标市场上的客户在最快的时间、最方便的地点得到他们所需要的金融产品和服务，才能实现营销目标、取得较高的经济效益。因此，分销渠道已成为各家金融机构竞争时的必然争夺要地。

 ［案例引入］

拓展消费场景打响信用卡营销战

2023年春节期间，各家银行聚焦春节档"吃喝玩乐"等多个领域展开"年货经济"强势营销，不断释放居民消费潜力；同时，银行个人消费贷产品利率也在进一步下调，持续助力消费市场回暖、经济"开门红"。

作为传统消费旺季，春节期间居民消费需求往往呈现出多样化、多层次的特征，消费方式也由线下单一渠道拓宽为线上和线下相融合。业内专家认为，春节是银行信用卡营销的一个关键节点。进入传统消费旺季之后，银行开展各项信用卡营销活动，有利于通过节假日促消费、扩内需。

在2023年春节期间，各家银行信用卡中心纷纷打响了假期"营销战"，通过整合线上线下多场景、全渠道，加大金融支持。

工商银行紧抓文旅复苏契机，联合头部电商平台、知名商户、热门商圈围绕年货、春运、贺岁、团圆、红包等生活场景，推出多样化、高品质的信用卡优惠促销活动。数据显示，2023年1月，工商银行信用卡绑卡消费额环比上月增长4.6%，跨境消费额较上年增长超过40%。

中信银行信用卡推出了"兔年开门红"活动，面向所有持卡用户，每天发放40万份红包，针对春节期间居民餐饮、娱乐等消费需求，开展消费支付立减活动。

2023年信用卡营销趋势除了与线上场景结合，更多银行聚焦线下年货筹备及自营商城，这是新趋势和新变化。

聚焦线下消费场景，邮储银行信用卡推出了"年货节"活动。活动期间，持卡人在永辉超市、华润万家超市、大润发等指定活动门店购物，登录邮储信用卡App，即有机会获得满减代金券。

面对春节前后的消费热情集中释放期，兴业银行上线了多重年货消费优惠，并加强对自建渠道的引流力度。依托自主研发运营的"兴享惠"平台，春节期间，兴业银行厦门分行围绕餐饮、家政、加油、商超等领域发放补贴，与大牌商户带来一系列线上线下持卡优惠。

资料来源：点燃"年货经济"热潮　银行业抢抓"春节档"带动"消费暖"［N］. 金融时报，2023-01-31.

 ［案例讨论］

请结合案例内容思考，在金融服务营销渠道的选择上，银行如何根据目标客群的消费习惯和偏好，精准定位并优化营销渠道组合，以实现营销效果的最大化？

第一节　金融产品分销渠道概述

对于金融机构来说，只有将满足客户需求的产品方便、快捷地提供给目标客户，才能实现其营销目标，为金融机构带来利润。金融机构需要根据金融产品的特点，合理地选择分销渠道，并使产品及时触达客户。

一、金融服务产品分销渠道概述

分销渠道是指金融机构把金融服务提供给客户的所有途径和手段。金融服务产品是资金融通过程中的各种载体，包括货币、黄金、有价证券、外汇、存单、基金、资产管理等。将储蓄转化为投资是金融市场的一个重要功能，一方面为资金的需求者提供了筹资的机会，另一方面为资金的供给者提供了投资的机会，资金的需求者通过出售金融产品从而实现筹资，资金的供给者通过购买金融产品实现投资。

在现代金融业发展中，科学合理地选择分销渠道，是金融机构成功的关键之一。

二、金融服务产品分销渠道的功能

金融机构通过有效的渠道构建及人员组织方式，促使金融服务和产品以最有效的、令人满意的方式送达目标客户。金融营销渠道在分销金融产品或服务的过程中，主要具有以下七种功能。

1. 研究：收集、分析与客户打交道所必需的信息。随着现代信息技术，尤其是互联网技术、通信技术的发展，通过终端渠道可更广泛地收集和分析最新的金融咨询信息，并以快捷、便利的方式传递给目标客户。

2. 销售：对金融机构所提供的金融服务和产品进行销售。

3. 接洽：寻找可能的客户并进行说服性沟通。

4. 配合：对金融机构所供应的金融产品和服务进行符合客户必要性的评分，为金融产品制订营销活动计划，设计更为有效的广告和促销活动，实施人员推广、公共关系等销售促进策略。

5. 融资：为补偿渠道工作的成本费用而对资金的取得和支用。

6. 风险承担：承担与渠道工作有关的全部风险。

7. 谈判：对金融机构所经营的金融产品和服务的价格及有关条件达成最后协议。

金融营销分销渠道可以在为客户提供方便的同时充分满足客户需求，金融机构可借助分销渠道减少分支机构的数量，节约营销费用，提高经营效率。

 ［案例分析］

革新金融服务营销渠道，引领智能个性化服务新纪元

平安银行的"随身银行"战略，作为其在零售金融领域的创新标杆，深度诠释了金融服务营销渠道的新高度。这一战略不仅彰显了平安银行在科技能力上的差异化优势，更是对传统金融服务模式的一次深刻革新，标志着其向全面智能化、个性化服务迈出了坚实步伐。

"随身银行"通过构建"AI（人工智能银行）＋T（远程银行）＋Offline（线下银行）"的全方位服务矩阵，实现了客户体验与服务效率的双重飞跃。其核心亮点在于，利用先进的智能交互技术，如指令式唤起、富媒体呈现等，让客户能够随时随地享受便捷、高效的金融服务，这种"有温度的优质陪伴"极大地提升了客户满意度与忠诚度。

在金融服务营销渠道层面，"随身银行"通过三个层次的"连接"实现了革命性突破：首先，是服务人员与客户的即时互动连接，利用现代人的互联网交互习惯，通过音频、视频等多元化沟通方式，确保客户在需要时能够迅速获得专业服务，极大地缩短了服务响应时间，提升了服务效率。其次，是专业内容与客户的精准匹配连接，通过深度分析客户投资偏好与行为模式，结合海量数据与智能算法，为客户提供个性化、定制化的投资建议与资产配置方案，实现了服务内容深度与广度的双重拓展。最后，是各服务渠道之间的无缝连接，基于统一的底层引擎与工作台，实现了线上自助终端、远程银行服务与线下银行网点的协同联动，为客户提供了"一站式解决"的闭环服务体验。

尤为值得称道的是，在追求服务创新与效率提升的同时，平安银行并未忽视消费者权益保护的重要性。通过引入"天眼守护"系统，对服务渠道进行全面监控与管理，确保服务过程的安全性与合规性，为客户提供了更加安心、可靠的金融服务环境。

"随身银行"战略的成功实施，不仅为平安银行在金融服务营销渠道上树立了新的标杆，也为整个银行业探索智能化、个性化服务提供了有益的借鉴与启示。

 ［案例讨论］

阅读案例，阐述分销策略对金融机构的影响。

第二节　金融服务产品分销渠道的类型

金融服务产品分销渠道是在一定环境下运行的，受国家政策、法律、市场环境、金融产品特性以及出售金融产品的金融机构等多种因素的影响。不同金融机构的金融服务产品具有一定差异性，具体采取哪种分销渠道或是分销渠道的组合，要根据金融机构营销的需要和目的决定。

[想一想]

你曾经通过哪些渠道接受金融服务？

一、银行的分销渠道

（一）传统的分销渠道

设立分行和建立营业网点是商业银行最传统的渠道，一直担任让客户与银行有直接接触的营业场所的角色。商业银行按照业务需要设立和决定分支机构的级别、层次和数量。有些大银行可以拥有成千上万个网点，有的跨国银行为了国际业务发展，还会在全球设立分支机构。以中国银行为例，该行不仅在中国有很多分行、支行，还在全球设立机构。商业银行分支机构一般设立柜台服务、业务部门、客户经理、柜员机（ATM）等业务分销渠道，经营吸收公众存款、发放贷款、办理结算等基本业务和经监管部门批准的中间业务。

随着现代信息技术的发展，分支机构的重要性有所下降，电子设备和其他分销渠道的发展使银行不再单一依赖增设机构，而是越来越重视新渠道的开发。分支机构在银行业销售渠道中还是占据着主导地位，主要有以下四个原因。

1. 客户就近选择银行分支机构办理业务的习惯在短时期内难以改变，相当一部分客户偏好银行分支机构为其提供个性化服务。

2. 通过实体分支机构，商业银行可以向客户提供更加人性化的直接感情服务，这是电话银行、网上银行等电子渠道无法替代的。

3. 商业银行分支机构对于商业银行品牌形象的树立有着重要意义，分支机构的存在在一定程度上具有广告宣传作用。

4. 商业银行分支机构在开发和维护客户资源方面具有不可替代的作用。

因此，尽管分支机构作为银行的分销渠道其经营成本较高，但仍然是现代商业银行最重要的产品分销渠道。合理设置分支机构，加强分支机构的营销，有助于提高银行产品的市场占有率，更好地满足客户的需求。

（二）与其他金融机构联合的分销渠道

商业银行通过与其他金融机构，如证券公司、基金公司、保险公司等联合开展金融业务，共同销售金融产品和服务，主要有以下三种渠道。

1. 银证通渠道。银证通是指客户直接利用在银行各网点开设的活期储蓄存款账户卡、折作为证券保证金账户，通过银行的委托系统（如电话银行、银行柜台系统、银行网上交易系统、手机银行等），或通过券商的委托系统（如网上委托、电话委托、客户呼叫中心、自主键盘委托等）进行证券买卖及清算的一种金融服务业务。

银证通渠道的特点有以下几个方面。

（1）资金安全：银证通业务采取由银行集中管理客户交易资金，券商管理证券交易的模式。使用银证通业务的客户资金存在银行一方面避免了券商挪用保证金的风险，另一方面客户可以通过银行提供的网上银行和电话银行服务随时对自己的结算账户资金进行管理。

（2）方便快捷：客户可在银行网点均开办该项业务，而无须到证券公司。客户直接使用银行账户作为股票买卖的清算账户，无须在券商处开立保证金账户，无须办理银证转账，简化交易手续，省时省力。

（3）交易方式多：银证通客户既可使用银行方的委托方式（如电话银行），也可使用所选择券商方的委托方式（如证券网上交易系统、证券营业部证券委托电话、证券商客户呼叫中心等）。

2. 银基通渠道。银基通是指客户直接利用在银行各网点开设的活期储蓄存款账户下设的"基金理财专户"作为基金交易的保证金账户，通过网上银行、电话银行和柜面等渠道进行多种基金选择和交易的一种业务模式，是银行与基金管理公司合作推出的一种金融服务业务。

银基通渠道的特点有以下几个方面。

（1）"一站式"服务：向客户提供基金所有交易及托管业务的服务。

（2）通购通赎：通过全国网点及联通的电子化渠道交易，系统内免转托管，享受跨地理财便利。

（3）综合理财：投资者可在同一个理财账户同时进行证券、开放式基金等资本投资，并兼有本外币储蓄、消费、缴纳费用的货币理财功能。

（4）多渠道交易：可运用银行网点、网上银行、电话银行、自助终端、手机银行等渠道向客户提供交易、查询等服务功能。

3. 银保通渠道。银保通业务是指通过银行业务处理系统与保险公司系统的连接，实现投保人信息的及时传递，由银行柜面将保险公司予以承保的信息及时传递给客户，并在客户得到保险公司的承保后，在银行柜面及时打印出保险单，从而为在银行办理保险业务的客户提供代理保险服务。该系统为国内首创，是银保业务电子化的必备工具，使银行、保险公司电子化数据交换及银行内部保险代理业务管理的网络化、电子化得以实现。

（三）新型分销渠道

随着信息技术日新月异的发展和银行业之间的激烈竞争，银行类金融机构经营朝着智能化方向发展，重点打造智慧银行，提高客户服务水平，满足客户多样化的需求，加大创新力度和服务深度。在信息技术发展的冲击下，银行金融产品营销出现了很多新型渠道，有网络银行、电话银行、手机银行和自助银行等。

1. 网络银行。网络银行又称网上银行、在线银行，是指银行利用互联网技术向客户提供开户、销户、查询、对账、行内转账、跨行转账、信贷、网上证券、投资理财等传统服务项目，使客户足不出户就能够安全便捷地管理活期和定期存款、支票、信用卡及个人投资等。可以说，网络银行是在互联网上的虚拟银行柜台。

与传统银行相比，网络银行具有因信息网络，特别是互联网的应用而产生的各类特点。这些特点不仅赋予了网络银行传统银行无法比拟的优势，改变了银行的经营理念。网络银行渠道的特点如下。

（1）银行提供服务的载体。在传统银行服务方式下，客户需要到银行办公场所，通过与银行业务人员面对面接触，填制一系列纸质凭证，如各种申请表、传票等，才能获得所需的银行服务。在网络银行服务方式下，客户无须到银行办公场所，无须与银行业务人员见面，通过填制电子表格、电子凭证，借助虚拟的网络空间即可享受银行服务。

（2）银行服务的场所。在传统银行服务方式下，银行需要在繁华、方便的中心地带建造或租用体面的办公楼，需要配备设备齐全的营业柜台，需要在营业场所制定和落实全面的安全措施，才能向客户提供银行服务。在网络银行方式下，银行只需设计友好的用户界面，借助客户的个人电脑、手机或其他智能设备就可以向客户提供服务。也就是说，网络银行的服务前台已经前移。

（3）银行服务的内涵。通过网络银行，客户不仅可以享受传统的存、放、汇等银行服务，而且可以享受信息技术应用带来的其他服务，例如，B2C（商户对消费者）、B2B（商户对商户）、B2G（商户对政府）、P2P（个人对个人）等服务。由于网上银行的交互性特征，网上银行提供的服务已经跨越了银行业的界限，向证券、保险和其他行业渗透。

2. 电话银行。电话银行是银行使用计算机电话集成技术，采用电话自动语音和人工服务方式为客户提供金融服务的一种业务系统。电话银行系统是近年来日益兴起的一种高新技术。它是现代化经营与管理的基础，它通过电话这种现代化的通信工具把用户与银行紧密相连，使用户不必去银行，无论何时何地，只要拨通电话银行的电话号码，就能够得到电话银行提供的服务（往来交易查询、申请技术、利率查询等）。

电话银行使用便利、服务内容齐全、操作简单，能适合当今的快节奏生活和讲究效率的需求。电话银行特点如下。

（1）超时空的"3A"服务。电话银行不受时间、空间限制，客户可以在任何时间（每年365天、每天24小时不间断）、任何地点（家里、办公室、旅途中）以任何方式（电话、手机、传真、互联网、电子邮件等）获得银行服务。电话银行充分利用发达的现代通信技术，为客户提供简单、便捷的消费服务方式。

（2）使用简单，操作便利。电话银行将自动语音服务与人工接听服务有机地结合在一起，客户可通过电话进行业务办理和咨询。

（3）手续简便、功能强大。开通电话银行服务，客户只需要到当地银行指定网点办理申请手续即可使用。客户可以通过电话银行方便地查询本人多个账户的情况，进行注册账户之间的资金划转，可以向已注册的他人账户转账，还可以实现自助缴费、银证转账、外汇买卖、股票买卖等多种理财功能。

（4）成本低廉、安全可靠。客户办理银行业务，不需要到银行储蓄网点，直接通过电话处理，节省时间，成本低廉。同时，电话银行采用先进的计算机电话集成技术，安全可靠。

（5）服务号码统一。各金融机构各地电话银行的服务号码通常都是统一的，如中国农业银行为95599，便于客户记忆和使用。

3. 手机银行。手机银行又称移动银行，是利用移动通信网络及终端办理相关银行业务的简称。作为一种结合了货币电子化与移动通信的崭新服务，手机银行不仅可以使人在任何时间、任何地点处理多种金融业务，而且极大地丰富了银行服务的内涵，使银行能以便利、高效、安全的方式为客户提供传统的和创新的服务。而移动终端所独具的贴身特性，使之成为自动柜员机（ATM）、互联网、销售终端机（POS）之后银行开展业务的强有力工具。

借助无线通信技术以及手机的高普及率和便捷性，手机银行服务最直接的影响是扩大了金融服务的覆盖范围（只要有手机信号覆盖均可办理相关业务），同时延长了服务时限（7×24小时），真正做到了"无时不金融，无处不金融"。手机银行既填充了实体银行网点布局的空隙，又弥补了实体网点的不足，增强了区域性银行服务的外延性扩张能力，减轻了大型国有银行实体网点的客流压力。在这种情况下，银行网点不再是僵化的固定点，它是随客户移动而改变的虚拟点，这从根本上改变了银行与客户之间的关系（个性化的服务）。

4. 自助银行。自助银行是指银行运用多媒体、网络、通信设施，为客户提供24小时不间断的自助综合银行服务。自助银行是指客户通过操作自动柜员机实现自我服务，包括提取现金、存入现金、转账、查询、打印存折等业务。

自助银行充分利用现代电子设备和高科技手段为客户提供安全可靠的、丰富的多功能自助服务，主要有如下特点。

（1）比传统网点服务时间长。自助银行可每年365天、每天24小时全天候提供服务，服务地点一般都充分考虑了客户的集中性、广泛性和便利性。

（2）便于银行开展无人服务、无现金服务和自助服务，可以随需提高服务质量、改进业务处理与服务手段、降低运营成本。

（3）自助银行简便节约、便于创建，它占地面积小，可节约大量的人工费用，降低用地成本，增强银行的竞争力。

（4）自助银行可以提供多种业务服务，如现金取款、现金存款、转账、存折补登、账户查询、金融信息查询、账户资料打印、外币兑换、夜间金库、自动保管箱等功能，基本上覆盖了柜员的手工柜台业务，甚至还可以弥补柜员功能的不足。

（5）自助银行可以跨区域、跨行业处理金融业务。和网上银行一样，自助银行也并不局限于银行本身，它基本上可以跨系统、跨地区联网进行实时处理。随着其广泛应用与发展，自助银行已经能够面向全世界，实现跨地区、跨国家、跨世界银行联网进行实时处理。

（6）自助银行的标准化操作更利于客户使用。自助银行利用现代电子技术与计算机技术，能够提供友好的交互式操作界面，采用科学合理的设计，便于操作和维护，以良好的形象赢得客户。

二、保险机构的分销渠道

保险产品分销渠道是指保险产品从保险公司向客户转移过程中所经过的途径。渠道中的每个点都是由拥有产品的机构或个人组成的，从而使每一个险种最终到保险产品需求者手中，保险主要通过代理人、经纪人来进行销售。

（一）保险代理人

保险代理人是指根据保险人的委托、向保险人收取代理手续费，并在保险人授权范围之内代为保险人办理保险业务的组织或个人，主要有以下几种类型。

1. 专业代理人。专业代理人指受保险人的委托，以保险人的名义专门为保险人代理保险业务，并向保险人收取代理手续费的单位或个人。

2. 兼业代理人。兼业代理人是指本身有固定的职业或工作，同时又接受保险人的委托，以保险人的名义办理保险业务，并向保险人收取代理手续费的单位或个人，主要有金融部门、专业组织、基层组织、企事业单位等。如新兴的银行保险，就是银行作为保险公司的兼业代理人而进行的保险分销。

3. 个人代理人。个人代理人是指根据保险人的委托，在保险人授权的范围内代办保险业务并向保险人收取代理手续费的个人。个人代理人开展业务方式灵活，被众多寿险公司广泛采用。

保险代理人的优势：由于保险种类多，包括重疾险、寿险、医疗险、意外险、年金险等，客户在购买保险时个性化需求较多，对于保险产品的用途和搭配方案，保险代理人与客户面对面的交流沟通效率最高。因此，代理人的人数众多、保险市场覆盖全是一项较大的优势。

保险代理人的劣势：我国保险代理人员人数众多，业务素质和能力参差不齐。很多业务员的业务能力不足，为了成交误导销售情况时有发生，拉低了公众对于保险行业的信任度。

（二）保险经纪人

保险经纪人是基于投保人的利益，为投保人与保险人订立保险合同提供中介服务，并依法收取佣金的单位。保险经纪人具有以下特征。

1. 保险经纪人不是保险合同的当事人，他仅为投保人与保险人订立保险合同提供中介服务。保险经纪人不能代理保险人订立保险合同，这是他与保险代理人的明显不同之处。

2. 保险经纪人是依法成立的单位，个人不能成为保险经纪人。

3. 保险经纪人以自己的名义从事中介服务活动，承担由此产生的法律后果，投保人或保险人虽然是保险经纪人的委托人，但对保险经纪人的经纪活动并不承担责任，这也是保险经纪人与保险代理人之间的重要不同。

4. 因保险经纪人在办理保险业务中的过错，给投保人、被保险人造成损失的，由保险经纪人承担责任。

5. 保险经纪行为是营利性行为，保险经纪人有权收取佣金。

保险经纪人的优势：一方面，保险经纪人代表客户的利益，向客户负责；另一方面，保险经纪公司可以和多家保险公司签约，可以从市场上多家公司的保险产品中为客户挑选产品，来满足客户的多样化需求。

保险经纪人的劣势：我国保险经纪人的渠道规模较小，主要服务于中高收入客户群体，对市场整体认知程度有限。

（三）银行保险渠道

银行渠道也是保险销售的一个重要渠道，保险公司提供产品，银行提供销售渠道，收取手续费。

银行保险渠道的优势在于保险客户有明确的稳定资产保值需求，而公众对银行存在天然的信任感，所以对于银行销售渠道更信任。缺点则是银行内销售的产品以理财型（年金、分红）保险为主，产品形态较为复杂，其作用在短时间内无法沟通清楚，容易误导客户。

（四）电话销售渠道

电话渠道最常见的产品是车险、意外险等比较简单的保险产品，普通消费者在三五分钟内容易理解和记住保障权益，做出理性的消费判定。

（五）互联网销售渠道

网络销售是保险公司利用互联网的技术和功能销售保险产品，提供保险服务，在线完成保险交易的一种销售方式。由于互联网保险价格低廉、投保方便的特点，近几年业务呈现出爆发式的增长，各家保险公司也都通过互联网构建了自己的网络销售平台。其中，第三方的网络销售平台，如支付宝、微信，依托平台的入口和流量优势，逐步成为保险销售的前沿阵地。

互联网销售的优势：相同类型的保障，投保操作方便，随时随地可以投保，保费相比个人代理渠道便宜。

互联网销售的劣势：保险投保需要投保人对保险知识有一定的了解，对于多数保险客户来说，自行选择对比保障方案及搭配产品比较困难。此外，在常见的保险网购平台，客户最需要关注的保险产品条款内容，通常通过小号字体呈现，非常容易被忽略，进而引起纠纷。

三、基金、证券公司的分销渠道

（一）基金的分销渠道

基金的分销渠道是基金产品由基金公司销售给特定投资者群体的途径，也是基金产品与投资者直接接触和沟通的媒介。基金公司的间接分销机构通常为证券公司、商业银行或其他经监管部门认可的机构。通过这些渠道，基金公司向投资者提供满足其需求的基金产品和服务，及时传递并反馈基金的各类信息（包括基金的基本知识、基金资讯、专业投资建议等）。基金的销售渠道主要有保险代理机构、商业银行、专业经纪公司、财务顾问公司等。

（二）证券公司的分销渠道

证券公司的分销渠道是指将证券产品从发行者转移到投资者手中的中间环节，证券公司所经营的金融产品主要是股票，所以证券公司的主要业务就是销售股票，该产品在行销时所选择的渠道主要有承销分销和发行分销两种类型。

1. 股票承销分销。发行股票的机构将股票销售业务委托给专门的股票承销代理机构，股票承销分销的方式有以下两种。

（1）包销。包销是指证券（股票）发行人与承销机构签订合同，由承销机构买下证券（股票），承担证券（股票）销售不出去的风险，而且可以迅速筹集资金，因而适用于资金需求量大、社会知名度低而且缺乏证券（股票）发行经验的企业。包销在实际操作中有全额包销和余额包销之分。

全额包销是指发行人与承销机构签订承购合同，由承销机构按一定价格买下全部证券（股票），并按合同规定的时间将价款一次付给发行公司，然后承销机构以略高的价格向社会公众出售。

余额包销是指发行人委托承销机构在约定期限内发行证券（股票），到销售截止日期，未售出的余额由承销商按协议价格认购。余额包销实际上是先代理发行，后全额包销，是代销和全额包销的结合。

（2）代销。代销是指证券（股票）发行人委托承担承销业务的证券经营机构（承销机构或承销商）代为向投资者销售证券（股票）。承销商按照规定的发行条件，在约定的期限内尽力推销，到销售截止日期，证券如果没有全部售出，那么将未售出部分退还给发行人，承销商不承担任何发行风险。

 [扩展链接]

基金销售行业集中度或进一步提升

整体来看，第三方基金销售渠道由于具备独特的竞争优势，仍在当前基金代销市场占据重要份额。中国证券投资基金业协会（以下简称中基协）的数据显示，截至2022年第三季度末，基金代销机构"股票＋混合"基金保有规模百强榜中，独立基金销售机构共有18家，合计保有规模为1.43万亿元，占百强榜总规模5.71万亿元的约25%。

从渠道市场份额看，基金公司直销占比较高，占据主导地位；在代销领域，独立的第三方销售机构近年来增长势头较快。从产品维度看，第三方基金销售机构的品种更加齐全，理财生态完善，通过流量优势和规模效应打造自身的"护城河"，未来或逐步与传统银行及券商渠道形成有力竞争。

毕马威日前发布的《2023年公募基金高质量发展趋势及战略洞察》也显示，第三方渠道机构依托互联网平台，拥有更广的客户服务覆盖面，通过自身清晰透明的基金评价体系、图文直播等高频率的客户陪伴，为客户提供投前、投中、投后全链条投资服务。而2022年基金市场震荡下行的行情下，第三方基金销售机构需持续加强高质量的服务、陪伴和深度的投教活动，把握既有优势建立竞争壁垒。

资料来源：罗逸姝.7家第三方基金代销机构"退圈" 基金销售行业集中度或进一步提升［N］.经济参考报，2022－12－08.

2. 股票发行分销。金融机构、工商企业等在发行股票时，可以选择不同的投资者作为发行对象。一般来讲，股票的发行分为公募和私募两种形式。

（1）公募。公募又称公开发行，是指发行人通过中介机构向不特定的社会公众广泛地发售证券，通过公开营销等方式向没有特定限制的对象募集资金的业务模式，其募集过程是由政府部门监管的。

为适应广大投资者的需求，公募没有合同份数和起点金额的限制。因为涉及众多中小投资人的利益，监管当局对公募资金的使用方向、信息披露内容、风险防范要求都比较高。

（2）私募。相对于公募而言的，私募是指非公开宣传的，私下向小规模数量的特定投资者（通常35个以下）出售股票，募集资金的方式。此方式可以免除一些在证券交易委员会的注册程序。投资者要签署一份投资书声明，购买目的是投资而不是再次出售。参加人一般应具有一定的经济实力、风险识别和风险承担能力。

第三节　金融服务产品分销渠道的影响因素

在金融机构的营销过程中，产品分销渠道发挥着重要作用。金融服务产品分销渠道是连接金融机构与客户的纽带，积极拓展分销渠道，有助于金融机构拓宽经营空间，增强服务客户的能力。

金融机构在选择产品分销渠道时，往往需要考虑许多因素，如目标客户需求、自身资源能力、金融产品的特性和种类、竞争对手状况和金融产品寿命期等。

 ［案例引入］

工银长隆联名信用卡：跨界融合，精准触达金融服务新高度

在金融服务日益追求个性化与场景化的今天，工银长隆联名信用卡作为国内首款全国性主题公园联名信用卡，不仅融合了工商银行信用卡的安全便捷与长隆集团会员的丰富权益，更精准地把握了目标客户的需求，即追求高品质休闲娱乐体验的消费者群体。

通过工银长隆联名信用卡的发行，工商银行不仅拓宽了信用卡的应用场景，增强了客户黏性，还成功地将金融服务渗透到长隆度假区这一热门旅游目的地，实现了对目标客户群体的精准覆盖。同时，长隆集团也借助工商银行的品牌影响力和广泛的客户基础，进一步提升了其会员服务的品质与吸引力，实现了双赢局面。

在金融服务营销渠道中，精准把握并满足目标客户的需求至关重要。工银长隆联名信用卡正是通过深入了解目标客户对于休闲娱乐的高品质追求，以及对于便捷、优惠金融服务的期待，创新性地推出了集工商银行信用卡与长隆集团会员权益于一体的联名产品。这种跨界合作不仅丰富了信用卡的附加价值，也提升了客户的使用体验，使得金融服务更加贴近客户的实际需求。

此外，工银长隆联名信用卡还通过线上线下的多渠道营销，进一步强化了与目标客户的互动与连接。持卡人可以通过长隆旅游 App 或微信小程序轻松领取优惠券，享受便捷的在线服务；而工商银行则通过设立文旅特色主题网点，将金融服务与休闲娱乐场景深度融合，为客户提供更加全面、个性化的服务体验。这种多渠道、全方位的营销策略，不仅提升了联名信用卡的知名度与美誉度，也进一步巩固了工商银行在金融服务领域的领先地位。

工银长隆联名信用卡的成功实践充分证明了在金融服务营销渠道中精准把握并满足目标客户需求的重要性。在未来的发展中，随着金融科技的不断进步和消费者需求的日益多样化，金融机构需要不断创新服务模式、拓展服务渠道、深化跨界合作，以更加精准、高效的方式触达并满足目标客户的需求，从而在激烈的市场竞争中占据有利地位。

［案例讨论］

阅读案例，分析工商银行采取的分销渠道。

一、目标客户需求

目标客户需求是选择金融产品分销渠道的基础，一个分销渠道成功与否，在很大程度上取决于是否与目标市场的客户需求相匹配。客户需要什么、为何需要、何时需要以及如何购买决定了如何选择金融产品的分销渠道。客户的年龄、性别、职业不同，对金融产品和渠道也有不同的需求。随着人口的增长和年轻夫妇组建新的家庭，金融机构在选择营销渠道时，要充分考虑年轻人的需求。另外，随着经济的发展和城镇居民区的大量开发，人口会出现迁移，其中，最大的迁移方向是新开发区或郊区，在这些区域，金融机构选择适当的营销渠道就可以扩大金融产品的销售。

二、自身资源能力

自身资源能力决定了金融机构所选择渠道的类型和与渠道成员的关系。若金融机构自身资源能力不足，无力占领多个市场，在选择分销渠道时，有可能采用密集型市场策略，把自己的力量集中在一个或少量的细分市场上，实行专业化销售。

三、金融产品的特性和种类

随着我国利率市场化的改革，金融业竞争日益激烈，金融产品的特性在金融机构选择分销渠道时起着重要作用。

对于同质性产品或是单一的、批量大的金融产品，金融机构间主要竞争的是价格，所以金融机构在选择分销渠道时，可采用无差异型市场策略，即把整个市场看作一个大目标市场，所有的客户对某种金融产品有着共同的需求，忽视客户之间实际存在的差异，如银行的国库券交易。

对于差异性较大的或是小批量、多品种的金融产品，金融机构在选择营销渠道时，就要采用差异型市场策略，即把整个市场分成若干个细分市场，金融机构根据自身条件和环境状况，可同时在多个细分市场上从事营销活动，如信贷市场。

对于新开发的金融产品，金融机构一般采用密集型市场策略，使用强有力的营销手段，组成营销队伍直接与客户进行营销沟通。

四、竞争对手状况

金融机构的产品分销渠道也受到竞争对手所使用渠道的限制。在金融市场上，金融机构之间的竞争往往比其他行业更加激烈，有些金融机构采用和竞争者相同的渠道，而有些金融机构则避开竞争者所使用的渠道。

五、金融产品寿命期

当金融产品处于引入期和上升期时，可采用无差异型市场策略选择营销渠道来扩大市场占有率；而当产品进入成熟期后，则应改为差异型市场策略选择营销渠道以便开拓新市场，也可采用密集型市场策略选择营销渠道以保持原有的市场。

第四节　金融服务产品选择分销渠道的原则

相较于其他行业，金融业的竞争尤为激烈，分销渠道是否通畅、覆盖范围是否广泛，在很大程度上决定了金融机构的竞争能力和市场份额。无论采用或侧重何种渠道，金融机构应依据其发展和经营战略，综合考虑细分市场、便利性、渠道互补性以及综合成本等因素。一般而言，应遵循以下原则。

一、畅通高效、经济性原则

这是渠道选择的首要原则。任何正确的渠道决策都应符合畅通高效的要求。金融产品的流通时间、流通速度、流通费用是衡量分销效率的重要标志。畅通的分销渠道应以目标客户需求为导向，将金融产品尽好、尽早地通过最短的路线，以尽可能优惠的价格送达目标客户方便购买的地点。

畅通高效的分销渠道模式不仅要让目标客户在适当的地点、时间以合理的价格买到满意的金融产品，而且应努力提高金融机构的分销效率，争取降低分销费用，以尽可能低的分销成本获得最大的经济效益，赢得竞争的时间和价格优势。

 [扩展链接]

创新金融服务场景，共绘便捷支付新篇章

银行与微信支付的合作不仅创新传统支付功能，还开辟了一系列全新的金融服务场景，让金融与生活融为一体。

二维码支付的互联互通成为双方合作的亮点之一。用户可以直接通过手机银行App扫描微信收款码完成支付，这一功能的实现得益于银行、银联与财付通之间的紧密合作。这种跨平台的支付方式不仅简化了用户的支付流程，还提高了支付的灵活性和便捷性。用户不再需要切换不同的App来完成支付，一切都可以在银行App内一站式解决。

随着技术的不断进步，银行与微信还在探索更多跨平台的支付合作场景。这些场景不局限于简单的支付功能，还涵盖了转账、理财、贷款等全方位的金融服务。用户可以在微信等平台直接享受银行提供的金融服务，无须跳转到银行App或其他平台，极大地提升了用户体验。

此外，银行与微信还致力于将金融服务与社交场景深度融合。通过社交媒体平台，银行可以更加精准地触达用户，了解他们的金融需求，并提供个性化的金融产品和服务。同时，用户也可以在社交平台分享自己的金融体验。

在技术创新方面，银行与微信不断推陈出新，为用户带来更加安全、便捷的支付体验。生物识别技术、数据加密和传输安全等先进技术的应用，确保了用户资金和信息的安全。同时，双方还共同建立了完善的风险防控体系，对潜在的风险进行实时监控和预警，保障了金融服务的稳定性和可靠性。

银行与微信之间的合作将继续拓展新的金融服务场景。随着数字化转型的加速推进和全球化的深入发展，双方将携手探索更多线上线下融合的服务场景以及跨境支付和外汇服务新模式。同时，他们还将继续关注弱势群体的金融需求，推动普惠金融服务发展，让更多人享受到便捷、高效的金融服务。

二、覆盖适度原则

金融机构在选择分销渠道模式时，仅仅考虑加快速度、降低费用是不够的，还应考虑金融产品能不能销售出去，是否有较高的市场占有率足以覆盖目标市场。因此，不能一味地强调降低分销成本，这样可能导致销售量下降、市场覆盖率不足的后果。成本的降低应是规模效应和速度效应的结果。在分销渠道模式的选择中，也应避免扩张过度、分布范围过广，以免造成沟通和服务的困难，导致无法控制和管理目标市场。

三、持续稳定原则

金融机构的分销渠道模式一经确定，便需花费相当大的人力、物力、财力去建立和巩固，整个过程往往是复杂而缓慢的。所以，金融机构一般不会轻易更换渠道成员，更不会随意转换渠道模式。分销渠道的设计是营销组合中具有长期性的决策，只有保持渠道的持续稳定，才能进一步提高分销渠道的效益。畅通有序、覆盖适度是分销渠道稳固的基础。

四、适度控制原则

控制是指金融机构对分销渠道施加影响的程度。从长远来看，金融机构对分销渠道的选择除了考虑其经济性外，还必须考虑能否对其进行有效的控制。由于影响分销渠道的各个因素总在不断变化，一些原来固有的分销渠道难免会出现某些不合理的问题，这时就需要分销渠道具有一定的调整功能，以适应市场的新情况、新变化，保持渠道的适应力和生命力。调整时应综合考虑各个因素的协调，使渠道始终都在可控制的范围内保持基本的稳定状态。

在各种分销策略中，金融机构对于自身分支机构的控制最容易，但成本相对较高，市场覆盖率较低；建立特约经销商或代理关系的中间商较易控制，但金融机构对特约中间商的依赖过强；利用多家中间商在同一市场进行销售会降低风险，但对中间商控制能力会削弱。分销渠道越长、越宽，金融机构与中间商之间的关系越弱，也越难控制中间商。

五、协调平衡原则

金融机构在选择、管理分销渠道时，不能只追求自身的效益最大化而忽略其他渠道成员的局部利益，应合理分配各个成员间的利益。

渠道成员之间合作、冲突、竞争的关系，要求渠道的领导者对此有一定的控制能力：统一、协调、有效地引导渠道成员充分合作，鼓励渠道成员之间有益的竞争，减少冲突发生的可能性，解决矛盾，确保总体目标的实现。

六、灵活性原则

除了金融机构的分支机构外，金融机构无法完全控制所有的分销渠道，所以在制定分销策略时需灵活、随机应变。金融机构应根据地区、经济发展水平、购买习惯、文化背景等因素选择不同的分销策略，并保持适度弹性，随时根据外部环境和内部条件进行相应的调整。

七、发挥优势原则

金融机构在选择分销渠道模式时为了争取在竞争中处于优势地位，要注意发挥自己各个方面的优势，将分销渠道模式的设计与金融机构的产品策略、价格策略、促销策略结合起来，增强营销组合的整体优势。

本章小结

1. 金融产品分销渠道概述：分销渠道是指金融机构把金融服务提供给客户的所有途径和手段。

2. 金融服务产品分销渠道的功能：金融营销渠道在分销金融产品或服务的过程中，主要具有研究、销售、接洽、配合、融资、风险承担和谈判七种功能。

3. 银行的分销渠道：（1）传统的分销渠道：设立分行和建立营业网点；（2）与其他金融机构联合的分销渠道：银证通渠道、银基通渠道和银保通渠道；（3）新型分销渠道：网络银行、电话银行、手机银行、自助银行。

4. 保险的分销渠道：（1）保险代理人：专业代理人、兼业代理人和个人代理人；（2）保险经纪人；（3）银行保险渠道；（4）电话销售渠道；（5）互联网销售渠道。

5. 基金、证券公司的分销渠道：（1）基金的分销渠道：保险代理机构、商业银行、专业经纪公司、财务顾问公司等；（2）证券公司的分销渠道：股票承销分销（包销和代销）、股票发行分销（公募和私募）。

6. 金融服务产品分销渠道的影响因素：（1）目标客户需求；（2）自身资源能力；（3）金融产品的特性和种类；（4）竞争对手状况；（5）金融产品寿命期。

7. 金融服务产品选择分销渠道的原则：（1）畅通高效、经济性原则；（2）覆盖适度原则；（3）持续稳定原则；（4）适度控制原则；（5）协调平衡原则；（6）灵活性原则；（7）发挥优势原则。

第九章　金融服务产品的促销

　　无论是商业银行、保险公司，还是证券公司、基金公司等金融机构，都需要将其金融服务与产品宣传并推广到市场中去，让客户了解并产生兴趣，最终促成客户的购买行为。总体来看，金融机构的促销推广方式与其他企业并没有太大差别，只是具体的手段有所不同。随着我国市场经济的快速发展，金融市场竞争日益激烈，新的促销手段层出不穷，促销策略在企业的经营和发展中也具有更加重要的作用。

第一节　金融服务产品促销概述

一、金融服务产品促销的含义

　　促销指的是营销人员将企业产品与服务的相关信息传递给广大消费者，使消费者了解、认识、信赖并最终购买企业的产品和服务，从而提高企业销售业绩的营销行为。促销的实质是企业营销人员与消费者之间的沟通活动，营销人员将企业服务与产品的相关信息传递给消费者，消费者接收信息并做出回应，只有在两者之间建立稳定而高效的沟通渠道，才能实现有效的沟通。促销的最终目的是刺激并引发消费者的购买行为，通过信息的交流与沟通，使消费者逐渐对企业的产品与服务产生兴趣，最终吸引消费者购买本企业的产品及服务。促销有两种基本方式——人员促销和非人员促销。人员促销主要指的是企业派出营销人员与客户进行直接的交流与沟通，以维持企业与客户之间的关系，并说服潜在消费者购买企业的产品和服务；非人员促销主要指的是企业借助广告、公共关系以及各种营业推广方式等向消费者传递信息，从而引发消费者的兴趣，实现与消费者之间的沟通。

　　金融服务产品促销是促销策略在金融服务市场中的应用，其本质就是金融机构与客户之间的信息沟通和交流。金融机构通过各种方式将其金融服务与产品的信息传递给消费者，从而引起消费者的注意和兴趣，激发人们的购买欲望，并最终促成消费活动。金融服务促销的方式主要有四种：广告促销、人员推销、公关促销和营业推广。由于每种促销方式有各自的优缺点，所以金融机构一般会选择其中的几种促销方式形成一个促销组合，从而实现最优的促销结果。

二、金融服务产品促销的作用

（一）传递服务信息

金融服务产品促销最基本的作用就是传递服务信息并与消费者进行沟通。在市场经济的大环境下，如果不进行有力的宣传和沟通，即使金融机构拥有高质量的服务与产品，也难以扩大销量、提高销售收入。推出某种新的金融产品与服务时，金融机构应采取多种促销方式，及时向客户提供和传递相关信息，使客户知道本企业有哪些金融产品与服务，并介绍这些产品与服务的基本功能、基本用途、具体特点及购买的地点条件等，这样就会方便客户选购，从而扩大企业的销售。

（二）引导消费需求

促销的本质是宣传企业产品与服务的信息，刺激客户的消费需求，最终提高企业的销售业绩。当某种金融产品的销售量下降时，也可以通过一系列促销活动，重新刺激消费者的需求，提高该产品的销售量，并延长其生命周期。有效的促销策略，不仅可以引导刺激消费者的需求，还可以创造新的消费需求，从而为企业的产品开拓新的市场，促进企业的进步与扩展。

（三）参与市场竞争

随着经济全球化的快速发展，以及我国金融业进一步开放，金融市场的竞争正变得日益激烈。在这样的市场条件下，金融机构要使自己的服务与产品打入市场，并占据一定的市场份额，就需要采取一系列的促销活动，宣传企业产品与服务的特点及优越性，使本机构的产品在金融市场脱颖而出。金融产品和服务的特色被消费者熟知之后，就会引发消费者的兴趣，使客户对机构的产品产生偏爱，从而进一步提高机构的竞争力。

（四）树立企业形象

随着经济的不断发展，消费者对金融服务与产品的需求也在不断变化，金融机构要想在市场竞争中树立良好的形象、提高自身的地位，就需要通过促销宣传的手段，加深客户对机构的良好印象。一方面，金融机构在进行促销宣传时，要避免过高承诺，防止因承诺无法兑现而引发消费者不满，兑现承诺是赢得消费者信任的前提和基础，也是树立良好企业形象的关键。另一方面，机构要着重宣传本机构产品的特色及优点，使机构在消费者心中留下一个与众不同的形象，这样既可加深消费者的印象，也有助于机构树立一个独特而良好的形象。

 ［扩展链接］

促销组合

促销组合主张运用广告、人员推销、公关宣传、营业推广四种基本促销方式组合成一个策略系统，使企业的全部促销活动互相配合、协调一致，最大限度地发挥整体效果，从而顺利实现企业目标。

促销组合体现了现代市场营销理论的核心思想——整体营销。促销组合是一种系统化的整体策略，四种基本促销方式则构成了这一整体策略的四个子系统。每个子系统都包括了一些可变因素，即具体的促销手段或工具。某一因素的改变意味着组合关系的变化，也就意味着一个新的促销策略。

促销组合策略则是根据产品特点和经营目标的要求，有计划地综合运用各种有效的促销手段所形成的一种整体的促销措施。企业的促销组合，实际上就是对上述促销方式的具体运用。在选择采取哪一种或几种促销方式时，要确定合理的促销策略，实现促销手段的最佳结合，必须注意把握影响促销策略的各种因素。

第二节　金融服务产品促销的工具

一、广告促销

随着信息技术的飞速发展，我们已进入了信息大爆炸的时代，广告已成为现代社会人们生活的一部分。我们每天都能通过不同的媒介接触大量的广告，丰富多彩的广告不仅充实了我们的文化生活，也为我们的消费生活提供了重要的指引。广告实际上是企业的一种售前服务，它向消费者传递关于企业产品和服务的各种信息，具有指引消费、促成交易的重要作用。广告促销策略在金融业也有着广泛的应用，金融服务机构在其总体营销战略的指引下，通过广告促销策略对其广告宣传活动进行规划和指引，从而更好地向消费者传递金融服务与产品的相关信息。

（一）广告的定义

广告本质上是一种信息传播的工具，它是营利或非营利组织、政府机构和个体以付酬的方式，通过各种传播媒介安排通告及劝说性的信息，目的是向特定的目标市场成员传递产品、服务和组织的相关信息。广告所使用的传播媒介主要包括电视、杂志、广播、互联网等。

广告具有高度的公共性，但是企业通常会选择特定的媒介向特定的目标群体传递相关信息，以提高广告宣传的针对性。广告在大多数情况下是一种单向的沟通方式，产品和服务的相关信息主要从企业流向消费者，客户可以接收这些信息也可以忽略这些信息，而一旦客户对广告内容和信息做出回应，那么该客户很可能就是企业产品和服务的潜在购买者。

［想一想］

你有印象深刻的金融服务广告吗？与其他产品的广告相比，金融服务广告有什么特点？

（二）金融服务广告的特点

1. 有偿性。广告宣传活动是一种有偿行为，金融机构只有向媒体支付一定的费用之后，才有权通过媒体进行广告宣传。同时，广告也是一种投资活动，金融机构投入资金进行积极有效的广告宣传，不仅能够吸引更多的客户，还有助于提高企业的知名度，树立良好的品牌形象。

2. 广泛性。广告是沟通客户和金融机构的桥梁。金融机构通过广告将其产品及服务的信息传递给社会大众，在同一时间和空间接收信息的人越广泛，受影响的人也就越多，广告的影响力也就越大。虽然广告宣传具有广泛性的特点，但也必须有针对性，金融机构要根据其细分市场目标客户的特点，选择合适的宣传媒体，从而将信息准确地传达给目标受众。

3. 非人员性。广告宣传与人员推销具有重要的差别。广告是通过媒体进行产品和服务信息的宣传，而人员推销则是通过销售人员进行宣传。广告宣传的非人员性，在一定程度上节省了企业的人力成本，使营销人员有时间策划一些更加重要的宣传活动。

4. 潜在性。广告促销的作用具有滞后性，它很难在短时间内对客户的态度和购买行为产生影响，即难以立即促成消费者的购买行为，所以金融机构选择广告这种促销方式的时候，要充分考虑这种滞后性对企业的影响。同时，由于广告宣传的持续性，它可以通过媒体进行反复的宣传，其传播的渗透力对于吸引客户的作用也是不容忽视的。

5. 艺术性。广告是一种艺术化的信息，它通过图片、语言、文字等多种形式，展现企业的品牌形象和产品与服务的相关内容，更容易吸引消费者的注意力，加深客户对企业的印象。一则成功的广告，不仅能够准确传递企业的相关信息，还因其富有艺术性的表现形式而让受众难以忘怀。

（三）金融服务广告的作用

1. 向客户传递信息。金融机构向市场推出新的金融产品和服务项目时，要想让消费者尽可能地了解产品的特性与功能，可以通过广告宣传的方式向消费者提供情报、传递信息，展示金融产品与服务的具体内容，从而消除客户的疑虑，说服客户建立与企业的联系并立即采取购买行为。

2. 使无形服务有形化。金融服务具有无形性的特点，消费者很难感知它们的存在，而感知上的障碍也很容易引发客户对金融产品与服务的不信任。广告作为一项售前服务工作，应该向消费者传递有关产品和服务的相关信息，激发消费者的购买欲望，引导消费者的购买行为，建立起消费者对企业的认同。金融服务的无形性决定了广告所展示的重点并非服务本身，而是与该项服务相关的各种数据和信息，以及该项服务的特色和价值所在，这样既能让消费者形象地感知这项服务的存在，也能了解服务的独特性和价值。

3. 拓宽企业的服务渠道。金融服务广告具有公共性的特点，也具有广泛的宣传效果，不仅能够影响消费者对企业产品与服务的认知，还能够对中间商的行为产生重要影响。服务中间商位于金融机构与客户之间，是两者信息与服务传递的桥梁，金融服务广告在吸引大批消费者的同时，也会对服务中间商产生重要影响，促使其积极与服务供应商取得联系，从而进一步拓宽了机构的服务渠道。

4. 树立良好的品牌形象。品牌建设是广告宣传的主要目标，对生产企业和服务企业都具有十分重要的作用。金融机构要想树立良好的品牌形象，不仅要为消费者提供高质量的金融产品和服务，还要通过各种传播媒介进行持续不断的广告宣传。企业必须频繁地出现在媒体上，其目的不仅在于提高企业的社会知名度，更在于提高品牌在消费者心中的形象与地位，并加强消费者与企业品牌之间的联系，最终树立良好的品牌形象。

二、人员推销

（一）人员推销的含义

金融服务的人员推销，是指金融机构的营销人员以促成销售为目的，与潜在客户进行言语交流，并向其传递金融服务与产品的相关信息。金融服务与产品不仅具有无形性的特点，还兼具专业性和复杂性等特点。所以，通过人员推销，客户与营销人员可以展开良好的交流互动，从而使客户更加了解企业的金融服务与产品，并最终促成客户的购买行为。在金融市场竞争日益激烈的今天，人员推销因具有直接、灵活、详细及可反复等优势，在金融服务营销中发挥着越来越重要的作用。

（二）人员推销的特点及优势

1. 双向沟通

人员推销是一种双向交流的促销方式。一方面，金融机构的营销人员可以当面向潜在的客户介绍企业新的金融服务与产品，将产品与服务的特色、优势、价值等信息生动地传递给消费者，加强消费者对企业的了解。另一方面，在双方进行沟通与交流的过程中，客户可以将自己的需求、问题和想法及时地反馈给营销人员，营销人员则当面回答客户的问题，并将客户的建议及时反馈到企业中去。

2. 灵活性强

人员推销具有非常强的灵活性，金融机构的营销人员与客户进行面对面的交流，意味着营销人员可以根据客户对其产品与服务的不同反应，及时地调整促销策略，从而最大限度地提高企业的促销效率。人员推销还可以满足客户多方面的需求，例如，及时解答客户的疑惑、快速解决客户的问题、满足客户受到重视的心理需求，给客户一种亲切感，使客户消除对金融服务与产品的不信任感，并促成购买行为的发生。人员推销虽然具有较高的成本，但其灵活性与适应性是其他促销方式难以比拟的。

3. 针对性强

金融机构的每一种服务与产品都有其特定的目标市场和目标人群，并为其目标客户提供有针对性的服务。人员推销具有很强的针对性，他们会主动地选择那些成功率更高的客户作为促销对象，并针对这些客户的身份、收入、年龄等特征，采取灵活的促销手段。

4. 客户忠诚度高

在人员推销中，金融机构的营销人员可以与客户进行积极主动的交流，并向客户介绍企业产品与服务的信息，回答客户的问题，解答客户的疑惑。在这种双向交流的过程中，双方都能够及时把握对方的态度，并立即做出回应，这将有助于客户建立起对金融机构的信任感，并形成一种长期的合作关系。

（三）人员推销的指导原则

1. 服务专业有效

金融机构服务与产品的专业性和复杂性程度相对较高，营销人员在促销活动开展之前，要全面学习并熟练掌握新产品的相关内容，为营销活动的开展做好充足准备。在促销活动进行的过程中，营销人员不仅要向客户熟练地介绍产品与服务的相关信息，而且他们的介绍必须要做到专业有效且通俗易懂，同时营销人员还要能够及时准确地回答客户所提出的问题，并消除客户的疑惑与不信任感。服务专业有效是人员推销成功的关键，所以营销人员的外表、动作、讲解和态度都必须符合客户心中一名专业人员的形象。

2. 增进客户关系

金融机构进行人员推销的目的不仅仅是向客户推销新的产品与服务，促成客户的购买行为，更重要的是通过与客户的交流互动，了解客户的需求及态度，及时解答客户的问题和疑惑，增进企业与客户之间的感情，建立良好且长久的客户关系。营销人员与客户交流过程中要实事求是，不能夸大收益、回避风险，并且要充分考虑客户的风险承受能力，只有这样才能赢得客户信赖，增进与客户之间的关系。良好的客户关系是金融机构宝贵的无形资产，不仅可以提高机构的经营业绩，还能提升机构的社会美誉度。

3. 维护企业形象

人员推销是机构营销人员与客户面对面交流的营销活动，营销人员的礼仪、效率、关心度和销售技巧，在很大程度上影响机构在客户心目中的形象。机构形象对于金融机构的营销和经营活动具有重要影响，现有及潜在的客户对于机构或某个员工的印象，在很大程度上将直接影响他们的购买决策，所以营销人员在促销活动的过程中，要注重自身的言谈举止，从而维护机构良好的社会形象。

4. 开展方式灵活

金融机构在进行促销活动的过程中，可以从包含核心服务的一系列辅助性服务中获利。金融机构服务人员的工作不能局限于接待客户，向客户介绍相关的服务与产品，还应该采取更加积极灵活的沟通方式，这样做既能增加机构的销售收入，也能为客户的购买活动省去很多不必要的麻烦。

 ［案例分析］

银行业新准则引领金融服务人员营销新风尚

中国银行业协会于 2023 年 11 月 21 日推出《理财产品过往业绩展示行为准则》（以下简称《行为准则》），旨在通过一系列规范措施，为理财产品业绩展示设定清晰边界，为金融服务人员的营销活动树立诚信标杆。

历史业绩展示：从模糊到清晰，诚信为先

历史业绩，作为理财产品吸引投资者的关键要素之一，其展示方式曾一度陷入"迷雾重重"的境地。银行在选择展示内容时往往具有较大的自由度，导致投资者难以获得全面、准确的信息。《行为准则》的出台，如同为这一领域点亮了一盏明灯，要求所有历史业绩展示必须伴随醒目的风险提示，明确告知投资者：过往业绩非未来之镜，投资需谨慎。这一转变不仅体现了对投资者知情权的尊重，也彰显了银行业在构建诚信市场方面的决心。

个性化展示要求：因"龄"而异，透明为先

《行为准则》还根据理财产品的"年龄"制定了差异化的展示要求，确保每一款产品的业绩展示都能与其生命周期相匹配。这种个性化的展示方式，不仅提升了业绩数据的可比性，也让投资者能够更直观地了解产品的历史表现。对于金融服务人员而言，这意味着在营销过程中，他们需要更加深入地了解产品特性，以更加透明、专业的态度向投资者传递信息。

禁止选择性展示：全面呈现，公正为先

《行为准则》还明确禁止了选择性展示业绩的行为，要求理财产品宣传销售文本必须全面展示过往平均业绩、最好业绩及最差业绩。这一规定有效遏制了片面夸大或刻意隐瞒业绩的不良风气，为投资者提供了一个更加公正、客观的评估环境。金融服务人员在进行营销时，应坚守公正原则，避免使用误导性语言或数据，确保投资者能够做出明智的投资决策。

监管连发重拳，护航市场健康发展

近年来，监管机构在规范理财产品业绩展示方面可谓不遗余力。从《理财公司理财产品销售管理暂行办法》到《理财产品业绩比较基准展示行为准则》，再到如今的《理财产品过往业绩展示行为准则》，一系列规章制度的密集出台，不仅体现了监管机构对市场的密切关注，也彰显了其维护市场秩序、保护投资者权益的坚定决心。这些措施的实施为金融服务人员的营销活动提供了明确的指导方向，也为整个理财市场的健康发展奠定了坚实基础。

随着《理财产品过往业绩展示行为准则》的深入实施，金融服务人员的营销活动将迎来新的变革。他们将更加注重诚信与透明，以更加专业、负责的态度向投资者推荐理财产品。在营销过程中，金融服务人员将更加注重风险提示和业绩数据的全面展示，确保投资者能够充分了解产品特性与风险。同时，金融服务人员还将积极适应市场变化，不断提升自身的专业素养和服务水平，以更好地满足投资者的多元化需求。

 ［案例讨论］

如果你是银行员工，会如何向客户介绍和推荐理财产品？

三、公关促销

（一）公关促销的含义

金融机构的公关促销，指的是金融机构在促销活动中，采用多种传播方式与客户进行积极有效的沟通，改善机构与客户之间的业务往来，赢得客户的信任和支持，最终树立良好的企业形象。

金融机构要想建立起与客户的良好关系，首先要向客户详细地介绍机构的相关信息，让客户充分了解机构的业务范围及经营理念；其次要满足客户多方面的需求，为客户提供热心周到的服务；最后要为客户提供良好的售后服务，及时处理客户投诉，解决客户的一系列问题。良好的公共关系是机构无形的财富，会对机构的经营活动产生巨大的推动作用，从而提高金融机构的经营绩效，在客户心中树立良好的企业形象。

（二）公关促销的策略

1. 借助新闻媒体进行宣传

新闻媒体作为大众传媒的一种工具，是社会公众重要的信息来源，对于宣传相关信息、引导社会舆论具有十分重要的作用，同时新闻媒体在说服力、影响力、可信度等方面都优于商业广告，其宣传内容也更容易被社会公众所接纳。金融机构在为客户提供良好的产品与服务的同时,还要与新闻媒体建立良好的关系,将机构内部有新闻价值的相关信息,通过新闻媒体传递出去,从而引发社会公众对企业服务与产品的关注。

2. 积极开展社交活动

近年来,我国的金融机构积极开展丰富多彩的交际性公关活动,举办了联谊会、招待会、茶话会、座谈会等一系列社交活动,还成立了文化沙龙、卡友俱乐部等。这一系列公共关系活动,拉近了金融机构与广大客户之间的距离,并促进了两者之间的情感交流,有利于培养客户对机构的忠诚度。同时,公共关系活动也因其直接性、灵活性和富有人情味等特点,在金融机构的公关促销中得到了广泛应用。

3. 支持并参与社会公益活动

社会公益活动是深入承担社会责任的活动,它要求金融机构从长远着手,不计眼前的利益与付出,赞助和支持某项社会公益事业,体现了金融机构的社会责任感及商业道德水平。金融机构对公益事业的热情支持,能够赢得社会公众的普遍关注和高度赞誉,从而最大限度地增加营销机会,提高企业的经营业绩。目前,社会公益活动因其高度的社会认同感与公众支持,已经成为金融机构开展公关促销的主要方式之一。

4. 与客户保持联系

金融机构要想与客户建立良好的关系,就应该与客户经常保持沟通联系,通过诸如个别访谈、新闻发布会、演讲、通信等方式,促进客户对机构相关内容进行了解,从而在客户心中留下一个好的印象。这种公关促销活动不仅能够维持机构与老客户之间的良好关系,还能够吸引新客户购买机构的产品与服务,从而进一步扩大机构的业务往来。

(三)公关促销的作用

1. 维护企业的良好信誉

随着金融机构竞争的日益激烈,良好的信誉和形象成为金融机构在竞争中脱颖而出的关键因素。信誉是由企业活动和公众评价两个方面因素决定的,具体包括商品与服务的信誉和企业信誉。金融机构公关促销的根本目的在于:通过细致入微、持之以恒的具体工作,树立机构良好的信誉形象,为机构营造良好的舆论氛围,并引导社会舆论朝着有利于机构的方向发展。

2. 改善市场营销环境

金融机构的市场营销活动是在一定的社会环境下进行的,并与周围的环境形成了错综复杂的关系,机构可通过公关促销活动,实现机构与环境之间的良好沟通,使金融机构与周围环境相适应。金融机构要通过与客户的双向沟通,为自身的发展营造一个良好的环境:一方面,机构要将产品与服务的相关信息及时传递给消费者;另一方面,还要根据客户对机构产品与服务的评价,消除误判并改进机构的工作。

3. 增强机构的凝聚力

金融机构的创新与发展,离不开内部员工积极性和创造性的发挥,而一个机构的凝聚力将直接影响内部员工才能的施展。企业部门与部门之间的误解与冲突,员工与员工之间的矛盾,都会影响和制约企业营销活动的效率。通过公关活动所形成的良好企业形象,能够增强内部员工的荣誉感和责任感,从而进一步增强机构的凝聚力。

［案例分析］

上投摩根：携手快速消费品巨头的基金跨界营销

上投摩根基金公司与快速消费品巨头百事集团七喜品牌携手，以"喝超值七喜，赢超爽基金"为主题，在全国范围内开展了跨界合作推广活动。这次合作源于双方对市场需求的精准把握，通过创新性的营销手段，如营销视频和校园创意竞赛，以及门店促销活动，并利用多种渠道如上投摩根微博、专题网页、网站活动、专属客服电话等进行主动营销。

跨界合作是当前营销的热门趋势，而基金和快速消费品看似毫无关联，但上投摩根基金公司与百事集团七喜品牌却因共同的用户群体和对财富与时尚的追求而成功跨界合作。这种合作不仅展现了双方的创新思维，更在营销领域中创造了一段佳话。

 ［案例讨论］

上投摩根营销的创新性做法主要有哪些？

四、营业推广

（一）营业推广的含义与对象

营业推广指的是用短期的诱因激发消费者的购买行为，从而提高销售的效率。营业推广的方式具有非周期性和非规则性等特点，如为了吸引客户而进行的表演、展览等。

金融机构营业推广的对象有三种：一是金融机构的客户，既包括现有客户也包括潜在客户，既有机构客户也有个体客户；二是金融机构产品与服务的经销商；三是金融机构的推销人员。金融机构的营业推广既可以针对客户，如对客户采取优惠活动，也可以针对中间商和推销人员，其最终目的都是提高金融机构的销售业绩。

（二）营业推广的特点

1. 灵活性强。金融机构营业推广的方式众多，可以使用的营业推广工具也很多，所以机构选择的灵活性比较大。金融机构在开展营业推广活动的过程中，要根据其产品与服务的不同特点，灵活地选择营业推广工具，最大限度地提高促销效率。例如，银行的营业推广活动可依据具体情况，选择不同的营业推广形式：赠送产品宣传册、对客户进行口头宣传、向客户发送相关材料、给予客户适当的优惠等，机动灵活地向客户介绍金融产品及服务的相关信息。

2. 范围广。通常来说，金融机构中所有的成员都是营业推广的一员，他们既可以在自己的本职岗位上向客户介绍相关信息，也可以在营销活动之中宣传机构的产品与服务。金融机构的营业推广范围较广：首先，营业推广的对象广泛，与金融机构接触的所有人员都可以成为宣传的对象；其次，营业推广的人员广泛，金融机构的所有人员，都可以向他们接触到的客户进行宣传；最后，营业推广的内容广泛，既包括金融产品与服务的相关信息，也包括企业文化与品牌形象的内容。营业推广的广泛性有助于提高金融机构营销活动的有效性，从而提高企业的营销效率。

3. 短期效益明显。营业推广的目的就是通过短期的诱因刺激消费者的购买行为，从而在较短的时间内将产品与服务推广出去，提高金融机构的销售业绩。营业推广的短期效果较为明显，而长期来看却效果不佳，一方面，金融机构无法在较长的时间范围内，持续为客户提供各种优惠活动；另一方面，短期的促销宣传，也无法建立起客户对企业及品牌的忠诚。综合来看，营业推广适用于短期促销，却无法建立起企业与客户之间的长期友好关系。

4. 非常规性和非周期性。一般而言，营业推广是在一段时间内完成的短期任务，具有非规则性和非周期性的特点，并服务于金融机构营销活动的需要。例如，基金公司推出一项新的理财产品时，通常会采取短期的优惠活动，以吸引客户购买这项产品，但是这些优惠活动的持续时间相对较短，如果持续时间较长则会加大企业的成本，从而减少企业的利润。

（三）营业推广的方式

1. 针对客户的营业推广。针对客户的营业推广，即金融机构向客户提供短期的优惠，以吸引新老客户购买机构的产品与服务，具体的营业推广工具包括以下几种。

（1）赠品或赠券。金融机构为鼓励客户购买其产品与服务，通常会附赠另一种礼品。例如，客户办理银行卡，银行通常会赠送客户雨伞、水杯、自拍杆等产品，或给予客户一定的优惠。赠送礼品的目的是对新产品进行推广、刺激客户需求、增加销售量。

（2）赠送样品。金融机构推出一项新的产品时，可以向客户赠送一份样品，以刺激客户需求，增加企业销售，企业还可以借此了解客户对新产品的反馈和评价。企业赠送样品的方法主要有送货上门、直接邮寄等。

（3）有奖销售。有奖销售主要指的是金融机构对于购买产品与服务的客户给予抽奖的机会，对于中奖的客户给予奖励。有奖销售的目的是吸引客户尝试并购买机构的产品与服务。

（4）数量折扣。数量折扣主要指的是金融机构为鼓励客户更多地购买企业的产品与服务，为达到一定购买数量的客户提供额外奖励和优惠，常用于银行存款、投资理财、信用卡购物等方面，有助于建立起与客户的长期关系。

（5）专有权利。专有权利通常指的是，金融机构为自己特定的客户提供特殊的权益或优惠。例如，国内的一些商业银行会为自己的高级别用户提供某些机场的贵宾休息室服务。由于国内金融市场的激烈竞争，越来越多的金融机构向自己的特定客户提供专有权利，以吸引其他客户的关注。

（6）免费服务。金融机构为推广某项新的产品与服务，通常会为客户提供配套服务或免费升级相关服务。例如，保险公司会为购买大额保单的客户免费提供一些小的险种，一些商业银行会为自己的高级别客户提供免费异地转账服务。

2. 针对营销人员的营业推广。针对销售人员的营业推广方式主要包括根据营销人员的销售数量和质量给予一定的提成和奖金；为销售业绩突出的营销人员颁发荣誉证书，授予荣誉称号；等等。这有助于激励销售人员更加积极主动地推销企业的产品和服务，不断为企业开拓新的市场，从而推动企业不断发展。

3. 针对中间商的营业推广。针对中间商的营业推广方式主要包括交易折扣、数量折扣、帮助培训营销人员、进行精神及物质奖励等。对销售业绩突出的经销商进行奖励，有助于经销商更加积极主动地代理或经销本企业的产品和服务，也有助于吸引其他经销商的加入，从而提高企业整体的销售业绩。

本章小结

1. 金融服务促销的概念：金融服务促销是促销策略在金融服务市场中的应用，其本质就是金融机构与客户之间的信息沟通和交流。

2. 金融服务促销的作用：（1）传递服务信息；（2）引导消费需求；（3）参与市场竞争；（4）树立企业形象。

3. 金融服务产品促销的方式：（1）广告促销；（2）人员推销；（3）公关促销；（4）营业推广。

4. 金融服务广告的作用：（1）向客户传递信息；（2）使无形服务有形化；（3）拓宽企业的服务渠道；（4）树立良好的品牌形象。

5. 人员推销的特点：（1）双向沟通；（2）灵活性强；（3）针对性强；（4）客户忠诚度高。

6. 公关促销的策略：（1）借助新闻媒体进行宣传；（2）积极开展社交活动；（3）支持并参与社会公益活动；（4）与客户保持联系。

7. 针对客户的营业推广方式：（1）赠品或赠券；（2）赠送样品；（3）有奖销售；（4）数量折扣；（5）专有权利；（6）免费服务。

第十章　客户关系管理

产品是短暂的，而客户是永恒的。对营销工作而言，客户关系管理的价值比品牌资产管理的价值更为重要，因为前者更为人性化、更具互动性。品牌是企业单方面投放的市场信号，企业创造品牌形象、赋予品牌个性，但创造财富的不是品牌而是客户。

面对日益激烈的市场竞争，对金融服务企业来说，无论是商业银行、保险公司、证券公司，还是担保公司、金融租赁公司、信托投资公司等，客户资源对其生存发展具有重要意义。建立良好的客户关系、提升客户满意度、增强客户对企业的忠诚度，依赖于有效的客户关系管理。客户关系管理通过将企业的内部资源进行有效整合，实施以客户为中心的业务流程，改善客户关系，提升客户满意度，从而增强企业竞争力，最大限度地提高企业的盈利能力。

第一节　客户价值评估

按照客户关系价值的不同，商业银行客户可分为不同类型。区分客户价值的主要方法是计算客户盈利能力。客户盈利能力是指客户运用本银行金融产品和金融服务后给本银行带来的盈利或亏损。这就需要建立"客户综合信息系统"，以客户为单位建立利用本银行金融产品和金融服务的资产负债档案，进行定量分析。

除进行定量分析外，还要对客户与本银行关系的持续期、客户的信用关系、客户的经营发展趋势、客户所处的生命周期等情况进行动态的定性分析，以对客户关系价值进行科学的评估论证。

公司客户的价值评价主要从财务因素和非财务因素两方面采取量化打分的方法进行。非财务因素主要包括资信、经营管理等法人基本情况和市场状况两个方面。

一、法人评价

（一）基本情况评价

评价内容包括产权构成是否清晰、属何种类型、主营业务是否突出、产品多样化程度、营业地址是否符合业务要求（如商业企业是否在闹市区或居民区）、企业规模大小、有无知名品牌、所处发展阶段。

（二）资信状况评价

评价内容包括客户在开户银行及其他银行的信用状况，有无违约记录；履约情况及潜在的负债情况；有无经济纠纷和经济处罚等其他重大事项。

（三）经营管理评价

1. 领导班子素质和经验评价。评价内容包括现任领导班子的品德素质、智力素质和能力素质等，具体包括知识结构、工作经历、道德品质、敬业精神、法制观念、开拓创新能力、团结协作能力、组织能力和科学决策水平等因素。

2. 过去经营业绩分析。过去经营业绩分析包括近几年是否出现较大的经营或投资失误；是否有还债意愿；经营业绩在行业中的水平。

3. 质量管理体系评价。质量管理体系评价从质量管理水平、质量管理措施、通过的质量管理认证、质量管理制度完善程度等方面进行分析。

4. 生产经营水平评价。生产经营水平评价包括采购环节的原材料价格、购货渠道、能否增加购买量、能否控制原料供给等；生产环节的生产连续性及新技术应用水平；销售环节的销售范围、促销能力及应变能力等。在整个过程中，要注意企业的成本控制水平。

5. 管理制度和管理结构的合理性。管理制度和管理结构的合理性从客户组织结构、内部经营管理模式、各项基础管理制度、激励约束机制、信息反馈机制、人力资源配置等方面进行分析。

6. 经营机制评价。经营机制评价包括有无明确的发展战略、采取何种经营管理体制、与相关企业的关系。

7. 其他方面。其他方面包括管理层是否稳定团结、员工素质如何、经营思想与工作作风、企业组织形式是否发生变更等。

请根据表10-1中的标准对A公司进行法人评价。

表10-1　　　　　　　　　　法人评价参考分值

因素大类	因素小类	指标	分值				
			0分	25分	50分	75分	100分
法人因素	基本情况	产权构成、主业占比、规模、品牌	无主业、产权结构混乱	有主业但不清晰	有主业但无知名品牌	有知名品牌	有多个知名品牌
	资信情况	违约记录	2次或以上	1次	无	获得资信证明	获得较高的资信证明
		经济纠纷	2起或以上	1起	无	同业口碑较好	公认的资信优良单位
	经营管理	领导班子素质	素质低、经验缺乏	素质不高、经验少	素质、经验一般	素质较高、经验丰富	素质高、经验丰富
		经营机制	僵化、落后	不适应市场、较落后	一般	较灵活	灵活、市场反应能力强
		管理机制	制度不健全、管理乱	不太合理	一般	较合理	合理、先进

二、市场评价

（一）市场状况及前景评价

主要指市场供求状况评价，包括近 3～5 年本企业的市场总体供应量和需求量关系，以及该产品的市场销售增长率。

（二）产品竞争力评价

1. 产品的成本结构、竞争范围、价格水平、技术应用水平、销售渠道及服务网络、产品所处周期等。

2. 市场占有量。

（三）相关因素评价

1. 国家政策影响、对客户的依赖程度。

2. 科技进步的影响。

请根据表 10－2 中的标准对 A 公司进行市场评价。

表 10－2　　　　　　　市场评价参考分值

因素大类	因素小类	指标	分值				
			0 分	25 分	50 分	75 分	100 分
市场因素	市场供求及前景	供求因素（设备利用率、产销率）	设备利用率不足 70%，严重过剩	设备利用率为 70%～80%，市场过剩	设备利用率、产销率均在 80%～90%	均在 90% 以上，新上产品能力较多	均在 90% 以上，并且没有新上产品能力
		市场前景（近 3 年销售增长率）	低于全国 GDP 增长率 5 个百分点及以下	低于全国 GDP 增长率 0～5 个百分点	高于全国 GDP 增长率 0～5 个百分点	高于全国 GDP 增长率 5～10 个百分点	高于全国 GDP 增长率 10 个百分点以上
	产品竞争力	竞争范围	国际竞争	部分国际竞争	国内竞争	地域竞争	地区竞争
		价格水平	国内高价	高于国内均价 10% 以上	处于国内均价的 -10%～10%	低于国内均价的 10% 以下	国内外最低价格
		价格波动	≥100%	60%～100%	30%～60%	0～30%	几乎没有
		技术应用水平	低于国内一般水平	国内一般水平	国内先进水平	国际平均水平	国际先进水平
		销售渠道	无销售渠道	有少量销售渠道	国内平均水平	国内较大	国内外都有
		产品所处生命周期	衰退期	—	成熟期	—	成长期
		市场份额	3% 以下	3%～5%	5%～10%	10%～20%	20% 以上
	相关因素	国家政策、客户依赖程度（最大客户销售额占比）	无政策支持、有限制 20% 以上	15%～20%	政策规定将淘汰替代品 10%～15%	5%～10%	有扶植政策，依赖程度在 5% 以下

三、财务评价

对企业财务评价的主要基础资料是企业经专业机构审计的近3年财务报表、财务报表附注、财务状况说明书、审计报告以及同类型企业相关资料。财务评价即主要对上述基础资料进行分析，以得出企业财务状况是好还是坏的结论。

（一）财务评价的主要内容

1. 评价企业财务结构的合理性、稳定性及变动趋势。

2. 评价企业盈利能力、偿债能力及发展趋势。

3. 评价现金流量状况及变动趋势。

4. 过去几年对长期负债、短期负债的偿付情况。

5. 分析新增债务对企业市场经营的影响。

6. 重点判断企业偿还债务的能力，包括偿债资金的来源、数量、可靠性等。

7. 根据以上分析，对企业的财务状况作出总体评价。

8. 对新组建的企业法人，应按上述评价内容对其股东进行分析。

（二）资产负债与损益分析

在对资产负债表和损益表进行分析时，要特别注意指标的可比性，剔除非正常的、不可比的因素，将货币的时间价值观念有机地融入分析过程，并对银行进行必要的实地考察，尽可能多地了解财务报表内不能看到的情况。

评价方法主要有结构分析、比较分析、趋势分析和比例分析方法，比较的参考值主要为同业水平。一般是将上述四种方法综合使用。

（三）现金流量评价

企业在生产经营过程中，既产生现金流入，也产生现金支出，其净现金流量决定着企业是否有足够的现金用来归还银行贷款，因此现金流量应成为对客户的重点分析内容。

现金包括库存现金、活期存款、其他货币性资金以及3个月以内的有价证券。现金净流量由经营活动、投资活动和融资活动这三种活动产生的净流量之和组成。其中，经营活动现金流在评价企业未来获取现金的能力时最为关键，通常用经营活动现金流占全部现金流的比重来考察企业支付能力的稳定程度。对投资和融资活动现金流的分析，也需要结合经营活动现金流同时进行。

经营活动现金流之所以成为现金流量表的分析重点，原因在于企业虽然可通过变卖资产或借债来维持或补充现金的不足，但这只是暂时的。从长远来看，企业必须能通过自身经营产生现金，否则越来越多的债务负担会使企业的财务状况形成恶性循环。而且经营活动永远是企业经济活动的主体，即使在资本运营时代，生产经营活动也是基础。

 ［扩展链接］

现金流分析

在不考虑所得税的情况下，现金流的总量虽然不会因会计处理方法不同而不同，但各项现金流所占的比重仍会受其影响。而现金流的结构对于分析企业未来获取现金的能力很重要。故在进行现金流量分析时，需要对影响现金流分类的因素做进一步的分析。这些因素主要包括以下几点。

1. 现金流的分类标准。分类标准的不一致可能为正确评价企业未来获现能力带来一定困难。

2. 投资活动的分类。投资活动有两种：一种是为维持和扩大生产规模而进行的；另一种是为闲置资金寻找投资机会或为开拓新的业务领域而进行的。这两种活动产生的现金流都在投资活动现金流中反映。如果忽视它们之间的区别，就有可能错估企业产生现金的能力。

3. 会计准则。比如，经营性租赁的租金属于经营现金流，而购买固定资产的支出属于投资现金流，假设两家企业的差别仅限于此，仍会使现金流不相同。这就可能形成购买固定资产的企业其现金流状况比较好的结论，从而造成对该企业产生现金流能力的高估。

4. 非现金交易。比如，上市公司的法人股东以固定资产折价购买股票，对于接受投资的上市公司来讲，实质上是同时发生了一项投资活动（用募股资金购买该固定资产）和一项融资活动（发行股票）。但这种交易一般只在财务报表附注中列示，可能会因阅读疏忽而错误分析其现金流状况。

5. 会计处理方法。比如，在会计实践中很难区分一项租赁是经营性租赁还是融资性租赁，这就为管理层操纵现金流提供了方便。

6. 不同行业或处于不同发展阶段的企业其现金流特点不同。

7. 根据现金流量判断客户能否归还银行贷款及还款来源。现金流量为正时，能够归还贷款。但应进一步分析企业的还款方式。现金流量为负时，也不一定表明客户不能归还银行贷款。此时应从资金结构和现金流出顺序来判断能否还款及还款来源。

 [想一想]

1. 购买固定资产一般被作为投资活动处理，购买存货则被作为经营活动处理。事实上，购买固定资产和存货（如原材料）同样是为哪类活动服务？

2. 为维持和扩大生产规模而进行的投资活动现金流在本质上属于经营活动。将这种支出作为投资活动现金流，就使得经营现金流中没有考虑企业为维持现有生产能力而需要的支出。请问：经营现金流大于零就表示企业的经营活动可以由自己产生的现金流来维持吗？

3. 在开发新产品或引进新生产线时，其经营、投资活动现金流应该为正还是为负？当产品上市后，净现金流量可能会发生怎样的变化？

4. 请问企业的还款方式一般有哪些？

5. 请在下列几项中选择经营活动产生的现金流在归还银行贷款之前首先要满足的支出：支付货款、捐赠、购买存货、支付工资、购买股票、支付利息、交税、股利。

请根据表 10-3 中的标准对 A 公司进行财务评价。

表 10-3 财务评价参考分值

因素大类	因素小类	指标	分值				
			0 分	25 分	50 分	75 分	100 分
财务因素	盈利能力	净资产收益率	≤0.7%	>0.7%	>1.4%	>2.8%	≥5.5%
		销售利润率	≤7%	>7%	>8%	>9%	≥10%
	营运能力	应收账款周转率	≤5%	>5%	>6.5%	>10%	≥15%
		存货周转率	≤5%	>5%	>6.5%	>7.5%	≥8.5%
	偿债能力	资产负债率	≥85%	<85%	<70%	<60%	<45%
		速动比率	≤60%	>60%	>90%	>150%	>200%
		利息保障倍数	≤1	>1	>1.5	>2.5	>3
	增长能力	销售收入增长率	≤8%	>8%	>12%	>15%	>20%
	现金流	净现金流量	行业平均水平	行业平均水平+5%	行业平均水平+10%	行业平均水平+15%	行业平均水平+20%

四、综合评价公司价值

（一）综合评价的基本步骤

1. 选择若干个指标，分别给定每个指标在总评价中的比重，各项指标的权重总和为100%，各小类指标权重之和等于大类指标的权重。

2. 确定标准比率并与实际比率相比较，根据实际比率与标准比率的差异程度评出每项指标的得分。

3. 采取加权算数平均法计算总得分，从总得分的多少来判断企业的优质程度。得分越高，表明客户价值越大。

（二）公司客户的评价标准

商业银行根据信用等级评定结果及其他因素，把客户划分为优良客户、一般客户、限制客户和淘汰客户。具体参见表 10-4。

表 10-4 客户等级划分

客户等级	国家产业政策	发展前景	经营状况	信用等级	资产负债率	现金流	到期信用偿付率	贷款利息收回率
优良客户	符合	良好	盈利	≥AA 级	≤70%	充足	100%	100%
一般客户	符合	尚好	盈利	A 级	≤85%	较充足	≥80%	≥90%
限制客户	受限制	一般	效益下降或亏损	B 级	≥85%	不充足	≤80%	≤90%
淘汰客户	禁止	明令淘汰	停止生产≥1 年	C 级	严重资不抵债	无	≤30%	无法偿还银行债务

注：淘汰客户标准是指符合限制客户条件，同时又符合表格内淘汰客户条件之一的信贷客户。

请根据前面进行的对 A 公司各指标的评价分数来综合评价客户价值。

表 10 − 5　　　　　　　　　　　　A 公司价值参考分值

指标	权重（%）	取值	得分
一、法人因素	30		
基本情况	5		
违约记录	6		
经济纠纷	4		
领导班子素质与经验	4		
经营机制	6		
管理体制	5		
二、市场因素	40		
供求关系	5		
市场前景	5		
竞争范围	4		
价格水平	4		
价格波动	5		
产品所处生命周期	6		
市场份额	6		
相关因素	5		
三、财务因素	30		
净资产收益率	3		
销售利润率	2		
应收账款周转率	3		
存货周转率	3		
资产负债率	2		
速动比率	3		
利息保障倍数	2		
销售收入增长率	3		
净现金流量	9		
合计			

 ［扩展链接］

个人客户的价值评价

对个人客户的价值评价常常使用人们熟悉的"信用 5C 要素"，即品德、能力、资本、担保、环境。其中，前三个要素是评估的重点。

品德是评价个人客户最重要的一个因素，因为品德在很大程度上决定着信用的质量；对个人客户能力的评估是分析考察其有无还款能力及更大的负债潜能；个人客户资本金的数额大小对偿还债务有直接影响；担保或抵押品是偿还贷款的重要保障；环境是指影响个人客户还款能力的外部环境。

第二节　客户关系管理

随着数据储存与处理技术的提高和对应成本的持续下降，越来越多的公司开始利用数据库来识别与管理客户。企业不但能够获取以个体为单位的客户信息，同时也能够对客户信息进行快速更新，并系统性地进行客户关系的管理。由于企业与客户的接触点很多，所得信息来自不同侧面，并储存在企业的不同部门，所以企业必须建设统一集成的信息共享平台，以全方位了解客户信息并共享客户信息，才能实现针对客户需求进行产品研发，为客户提供个性化、高质量的服务，并全方位满足客户需求。

金融产品和服务往往具有突出的同质性，即使是员工最积极地去了解客户金融需求、去服务和呵护客户，但在企业的经营后台，如果没有形成完整和科学的流程管理能力，在其业务前台，如果没有形成一体化的客户关系管理能力，要在竞争中赢得关键客户并为其提供优质的金融服务也是无法办到的。为了使客户资源带来最大的效益，客户关系管理系统应运而生。

一、客户关系管理的产生

客户关系管理（Customer Relationship Management，CRM）源于市场营销理论。1990年，美国学者罗伯特·劳特朋（Robert Lauterborn）提出了以客户为导向的4C理论，重新确定了市场营销组合的四个基本要素，即客户（Customer）、成本（Cost）、便利性（Convenience）和沟通（Communication）。4C理论标志着传统的以产品为中心的营销观念向以客户为中心的营销观念的转变，强调企业应该把追求客户满意度放在首位，并且努力降低客户的购买成本，充分注意客户购买过程中的便利性，以及实施有效的营销沟通。在此基础上，客户关系管理逐渐作为一种独立的管理思想和管理技术发展起来。

信息技术的快速发展则为实现客户关系管理奠定了基础，并提供了有力的技术支持。20世纪80年代初开始出现联系人管理（Contact Management）的概念，即专门收集客户与企业联系的所有相关信息，其代表性软件为ACT。联系人管理软件作为单机软件，无法实现数据的有效共享，在此基础上，20世纪90年代销售自动化应用（SFA）系统和客户服务支持（CSS）系统被开发出来。随后，一些企业开始把SFA系统和CSS系统结合起来，加入营销策划、现场服务，并应用计算机电话集成技术，形成集销售和服务于一体的呼叫中心（Call Center）。1990年，加特纳公司（Gartner Group）提出了企业资源计划（Enterprise Resource Planning，ERP）的概念。ERP是基于信息技术，以系统化的管理思想为企业决策层及员工提供决策运行手段的管理平台。为了降低成本，提高效率，增强竞争力，许多企业进行了业务流程的改造，应用了ERP系统。不过在实际应用中，人们逐渐发现ERP系统没有很好地实现对供应链下游的管理。

结合新技术的发展和企业实际需求，自20世纪90年代末期开始，客户关系管理开始发展起来，并逐渐成熟，广泛应用于金融、电信、餐饮、交通、旅游、医疗保健、制造业、房地产等多个领域和行业。究其原因，可以归结为客户资源价值的重视、客户价值实现过程需求的拉动、信息技术的推动三个方面。

二、客户关系管理的含义

客户关系管理（CRM）是企业用来管理客户关系的工具。客户关系管理是一个不断加强与客户交流，不断了解客户需求，并不断对产品及服务进行改进和提高，以满足客户需求的连续过程。其内涵是企业利用信息技术和互联网技术实现对客户的整合营销，是以客户为核心的企业营销的技术实现和管理实现。客户关系管理注重的是与客户的交流，企业的经营是以客户为中心，而不是传统的以产品或市场为中心。为方便与客户的沟通，客户关系管理可以为客户提供多种交流的渠道。

客户关系管理可以分为理念、技术、实施三个层面。其中，理念是 CRM 实施应用的基础，是 CRM 成功的关键；信息技术是 CRM 成功实施的手段和方法；实施则是决定 CRM 成功与否、效果如何的直接因素。三者缺一不可，相互支撑，共同构成完整的客户关系管理体系。

CRM 的理念体现为企业以客户为中心，整合企业资源，满足客户需求，建立和维护长期稳定的客户关系，确保客户满意的实现。CRM 的技术是企业在客户关系管理中所应用的各项信息技术和软硬件系统的总和，包括电子商务、多媒体技术、数据挖掘、数据仓库、人工智能、专家系统、呼叫中心、互联网等。CRM 的实施是结合 CRM 软件在调研分析的基础上所做出的一套完整的企业业务解决方案，通过信息共享和商业化流程有效降低企业经营成本，随时发现和捕捉客户异常行为并及时启动适当的营销活动，合理规避风险，优化业务流程，提高客户满意度和忠诚度，最终实现企业经营目标。

三、客户关系管理的模式与功能

一个完整的 CRM 系统的主要功能包括：实现对客户销售、开发拓展市场、实现支持和服务的全面管理；完成对客户基本数据的记录、跟踪；完成对客户合作的全程追踪；完成对客户市场的划分和趋势研究；完成对客户支持服务情况的分析；在一定程度上完成业务流程的自动化。此外，进行数据挖掘和在线联机分析以提供决策支持也是客户关系管理系统的功能之一。

（一）运营型 CRM

它建立在这样的概念之上：客户管理在企业成功方面起着很重要的作用，它要求所有业务流程的流线化和自动化，包括经由多渠道的客户"接触点"的整合、前台和后台运营之间平滑的相互连接和整合。

（二）分析型 CRM

它主要分析运营型 CRM 中获得的各种数据，进而为企业的经营、决策提供可靠的量化的依据。这个分析需要用到许多先进的数据管理和数据分析工具，如数据仓库、在线分析处理（OLAP）和数据挖掘等。

如果把 CRM 比作一个完整的人，运营型 CRM 是它的四肢，而分析型的 CRM 则是它的大脑和心脏。分析型的客户关系管理应能同运营型的客户关系管理进行平滑的集成和协同工作。分析型的客户关系管理应用一般主要有客户群体分类分析和行为分析、客户效益分析和预测、客户背景分析、客户满意度分析、交叉销售、产品及服务使用分析、客户信用分析、客户流失分析、欺诈发现、市场分类分析、市场竞争分析、客户服务中心优化等。

　　CRM 系统的基本功能包括客户管理（如客户的基本信息）、渠道管理（如呼叫中心、网上银行、分支机构、电话银行、客户经理等）、业务流程管理（如账户开立、登记、交易管理、评估等）、业务分析管理（如对账户、信用卡、信贷、总账的管理）等，有的软件还包括呼叫中心、合作伙伴关系管理、知识管理、客户服务、电子商务等。CRM 系统提供的基本功能是客户发现、客户交往、客户分析。通过客户关系管理为营销人员提供客户价值信息，发现哪些客户能为企业带来价值和怎样使这种价值最大化，使营销人员和客户之间建立紧密的联系，以保证客户能够得到专业化的服务。

 ［扩展链接］

沃尔玛的"啤酒与尿布"奇迹：CRM 数据分析的深刻洞察与商业革新

　　在零售业的浩瀚星空中，沃尔玛超市以其独到的市场洞察力编织了一个关于"啤酒与尿布"的传奇故事。通过深入分析顾客购买行为，沃尔玛超市发现了"先生们在购买尿布时顺手带上啤酒"这一普遍现象，从而精准地捕捉到了交叉销售的机会，实现了商品组合的创新优化。这一经典案例不仅颠覆了对传统商品关联性的认知边界，更是 CRM 数据分析力量的生动展现。在这个故事中，两种看似风马牛不相及的商品——啤酒与尿布，因家庭日常生活中的微妙习惯而被数据之网紧密相连，揭示了消费者行为背后隐藏的深层逻辑。

　　沃尔玛的 CRM 数据分析系统穿梭于海量交易数据之间，捕捉到了这一非比寻常的消费模式。它告诉我们，数据不仅仅是冷冰冰的数字堆砌，更是洞察人心、预测趋势的"金钥匙"。

　　这一成就的背后，是沃尔玛对信息技术系统不遗余力的投入与建设。其信息系统以"投入大、功能全、速度快、智能化、全球联网"为鲜明特征，沃尔玛不仅构建了灵活高效的供应链体系，还实现了跨国界的数据即时传输与处理。从存货管理到决策支持，从管理报告到销售点扫描，每一环节都紧密相扣，形成了强大的数据驱动决策能力。

　　沃尔玛在中国市场的实践也很成功，这充分证明了其全球领先的信息技术系统具有高度的适应性和可扩展性。通过卫星通信等高科技手段，沃尔玛实现了中美两地数据的无缝对接，确保了全球战略的一致性与执行效率。这种跨越地理界限的信息共享与协同，为沃尔玛在全球范围内的业务扩张提供了强有力的支撑。

　　沃尔玛"啤酒与尿布"的故事不仅是 CRM 数据分析的一次精彩演绎，更是零售业数字化转型的典范。它启示我们，在数据为王的时代，只有充分利用先进的信息技术手段，深入挖掘数据背后的价值，才能精准把握市场需求，创新商业模式，赢得市场竞争的主动权。同时，这也为其他企业提供了宝贵的启示：在追求规模与效率的同时，更应注重数据的积累与分析能力的提升，以数据为驱动，引领企业的未来发展。

四、客户关系管理的实施

客户资源是企业获胜最重要的资源和最基本的竞争利器之一，客户资源比账面收入更为重要。如何对客户关系进行管理，如何维护客户关系，让客户资源发挥最大的作用，是金融服务营销过程中长期而又艰巨的工作。

由于每位营销人员负责的客户很多，营销人员不能平均分配精力来维护每一位客户，所以营销人员应重点维护那些对金融机构来讲十分重要的客户，包括那些对金融机构服务很满意的客户、业务量很大的客户、合作期限较长的客户及难以打交道的客户。

（一）客户识别

识别的目的在于每一次企业与客户联系的时候，能够认出每一个客户，然后把那些不同的数据、不同的特征连接起来，构成我们对每一个具体客户的完整印象。企业需要尽可能详细地掌握每一个客户的细节，包括他的习惯、偏好和其他识别这个客户的重要特征以及交易历史记录等。客户数据库和数据仓库是大脑的延伸，提高了收集、存储、分析客户信息的能力。企业利用客户信息的能力越强，客户下一次与企业的交易就更简单、更快捷，客户也就更愿意与这家企业进行交易。企业与客户共享的客户信息应是客户自愿提供的，并让客户感到放心，他的隐私也应受到尊重、保护。

（二）客户区分

不同的客户具有不同的价值，不同的客户具有不同的需求。通过客户数据的分析、整理，将一个大的客户群体划分成一个个细分群。针对这些细分群采取相应的营销策略，是一对一营销的基础。企业找到最有价值的客户，进一步分析挖掘这些客户的深层次个性化需求，那么企业的产品和服务都有可能是为他们定制的。

 ［案例分析］

屈臣氏：精准 CRM 策略引领年轻女性市场潮流

屈臣氏作为亚洲首屈一指的个人护理用品连锁巨头，同时也是全球保健、美容、香水及化妆品零售领域的佼佼者，其在"全方位个人护理与养护"领域内，不仅汇聚了全球众多品牌，更自主研发并推出了近千种独具匠心的自有品牌产品，彰显了其不懈的探索精神。

在客户关系管理中，屈臣氏以独到的战略眼光，深刻洞察到在零售业同质化竞争加剧的今天，精准定位并锁定目标客户群体是制胜的关键。屈臣氏巧妙地采用纵向深耕与横向拓展相结合的策略，专注于服务 18 岁至 35 岁这一充满活力与探索欲的年轻女性消费群体。这一群体被屈臣氏视为最具挑战精神与消费潜力的市场蓝海，她们热衷于追求高品质生活，渴望通过新的潮流产品来展现自我风采，享受每一次购物带来的新奇与愉悦。

屈臣氏深谙此道，将"健康、美态、欢乐"作为品牌的核心经营理念，不仅为这些年轻女性提供了丰富多样的产品选择，更通过精心策划的营销活动、个性化的购物体验以及贴心的会员服务，构建起与消费者之间深厚的情感连接。这种以客户为中心，深度理解并满足其需求的 CRM 策略，使得屈臣氏在激烈的市场竞争中脱颖而出，赢得了消费者的青睐与忠诚。

屈臣氏对于目标消费群体的精准把握不仅仅体现在年龄段的划分上，更在于对她们消费心理、生活态度及行为模式的深刻洞察。通过不断追踪市场趋势，屈臣氏能够及时调整策略，推出更符合年轻女性喜好的产品和服务，从而保持品牌的年轻活力与市场竞争力。这种基于深入 CRM 分析的灵活应变能力，无疑是屈臣氏能够持续引领行业潮流的重要原因之一。

 ［案例讨论］

金融机构可以如何借鉴屈臣氏锁定目标客户群体的方式，以便更准确地为客户提供产品和服务？

（三）与重要客户开展一对一的互动

客户群区别开来之后，接下来就要对不同的客户以不同的方式进行互动。企业与客户互动的目的在于创造并培养一种同单个客户的关系，双方都能从这种关系中获利、共赢，客户可以从这种双边依赖的关系中获取越来越多的满足感。企业选择客户喜欢的互动渠道与客户互动，当客户通过不同的渠道与企业接触时，企业可以在多个接触点识别出这是同一个客户。在与客户互动的过程中，企业进一步了解单个客户的现有需求和潜在需求，并给客户带来快乐的情感体验。互联网技术使企业与客户双方互动的成本几乎为零，如客户互动中心整合了电话、传真、互联网、电子邮件等多种与客户互动的方式。

（四）提供个性化的产品或服务以满足客户需求

个性化的定制使得客户得到了与个人所需完全匹配的东西，这是竞争对手所不能提供的，除非客户不怕麻烦地与竞争对手重新建立一个新的双边依赖关系。大规模定制使得企业能够以更低成本和更高效的方式对不同客户单独提供不同产品和服务。大规模定制实际上是将产品或服务模块化，然后组合这些模块得到最接近客户想要的东西，模块化得越细，组合能力越强，就越能切合客户的个性化需求。个性化的目的不只是给客户他想要的东西，还有使他开心，同时也要确保企业从提供服务中获利。只有通过与客户互动，比竞争对手更加了解该客户，并提供超过竞争对手的客户利益和情感体验，才能保证该客户不转向竞争对手，获取客户忠诚。

（五）客户关怀

很多企业都不惜血本争取新客户，但是找一个新客户来代替当前客户的成本往往高于维系现有客户的成本。所以，真正的盈利能力往往来自于维系已有的客户。客户关怀就是以恰当的方式对待已有客户，让他们愿意与金融机构合作，并且始终保持这种业务关系。

客户关怀是金融机构用来把自己的产品和服务与竞争对手区分开来的重要方法。现在有这么多的机构正在通过相似的媒介以近似的价格提供相似的产品和服务，客户为什么一定要购买你的产品和服务而不是别家的呢？客户关怀能够影响客户的感受，客户关怀是节省资金、提高营销效率的有效方法。

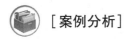

［案例分析］

从米店起步的"工业大王"

王永庆 15 岁小学毕业后，选择在一家小米店做学徒。一年后，他凭借父亲借来的 200 元钱，开始了自己的小米店生意。为了与隔壁的日本米店竞争，他花了不少心思。当时的大米加工技术相对落后，出售的大米中经常混杂着米糠、沙粒、小石头等杂质。然而，王永庆并没有满足于现状，而是选择为客户提供更好的服务。每次卖米前，他都会仔细拣出其中的杂质，为客户提供更干净的米。这一额外的服务让他在客户中建立了良好的口碑。

王永庆不仅卖米，还主动送米上门。他细心记录下每位客户的家庭情况、用米习惯和经济状况。通过这些信息，他能够预测客户的米何时将吃完，并及时送上新米。等到客户发薪的日子，他又会上门收取米款。送米时，他不仅送到，还会主动帮助客户将米倒进米缸里。如果米缸里还有旧米，他会将旧米倒出，清洗米缸，再将新米倒进去，旧米则放在上面。这样，旧米就不会因为存放过久而变质。他的细心和体贴让许多客户深受感动，纷纷成为他家的忠实顾客。

凭借小米店的起步，王永庆逐渐发展成为中国台湾工业界的领军人物。多年后，他回忆起这段经历时感慨道："虽然当时并没有管理知识，但我为了做好生意、服务客户，认为有必要了解他们的需求。没想到这点小小的构想，竟能作为事业发展的基础，逐渐演变成为事业管理的逻辑。"

这段经历不仅展示了王永庆敏锐的商业洞察力和客户服务意识，还体现了他不断追求创新和改进的精神。正是这些品质和努力，让他从小米店起步，最终成为了中国台湾工业界的传奇人物。

［案例讨论］

王永庆是如何维护与米店客户之间的业务关系的？可以从中借鉴哪些方法开展金融服务营销？

五、客户关系的维护

能向客户提供服务意味着双方合作关系的正式建立。如果想使这种关系持续下去，就必须不断地加以维护，即对客户的决策者、组织机构、业务进展和营销人员的全部销售努力以及双方的合作进展进行全程监控。另外，现有的客户是最好的广告，能有效地扩大营销人员的客户源。总之，应像培育客户那样重视客户关系的维护，因为失去一个客户比获得一个客户更容易。对客户关系的维护不仅要持之以恒，而且要讲求艺术，不断地创新和探索以适应客户求新、求深、求变的心理。客户关系维护常见的形式有以下三种。

（一）功能维护

以业务全能化和客户便利化为目标，对现有金融产品的功能进行深度开发和挖掘，使客户感觉常用常新。如设计家庭内部夫妻、父子相互连接，允许资金快速汇划的亲情账户，一号两用，适应家庭理财活动的需要；推行企业股权投资质押贷款，适应民营资本多渠道融资的需要；等等。

（二）情感维护

相当一部分金融产品具有同质性、相似性的特点，差别在于金融机构出售产品前后也同时出售了个性化的情感服务。要使客户深切地感受到金融机构的服务如饮甘露、如沐春风，关键是抓住不同层次、不同需求的客户的特性，特别是在他们遭遇挫折或变故时能及时给予朋友式的关爱，其效果远胜于一般的吃请公关。如客户遇到台风袭击时第一个登门的不是保险营销人员，而是带着周密的受损产品处理方案的银行客户经理，会使客户感激不已。

（三）特色维护

为特色群体的客户开设客户学校，邀请银行家，国际业务专家或保险、证券投资高手来讲授投资理财实务；为符合条件的尊贵客户铺设特事特办、急事急办的"绿色通道"。享受服务内容、产品价格、处理时效上的特殊服务；邀请所有办理本行各类业务交易并达到一定积分的客户参加新年酒会、青春派对、神州漫游等。

本章小结

1. 客户价值评估包含的内容：（1）法人评价；（2）市场评价；（3）财务评价。

2. 法人评价包含的内容：（1）基本情况评价；（2）资信状况评价；（3）经营管理评价。

3. 市场评价包含的内容：（1）市场状况及前景评价；（2）产品竞争力评价；（3）其他相关因素评价。

4. 财务评价包含的内容：（1）财务评价的主要内容；（2）资产负债与损益分析；（3）现金流量评价。

5. 客户关系管理的含义：客户关系管理是一个不断加强与客户交流，不断了解客户需求，并不断对产品及服务进行改进和提高，以满足客户需求的连续过程。

6. 客户关系管理的实施步骤：（1）客户识别；（2）客户区分；（3）与重要客户开展一对一互动；（4）提供个性化的产品或服务以满足客户的特殊需求；（5）客户关怀。

7. 客户关系维护的形式：（1）功能维护；（2）情感维护；（3）特色维护。

参 考 文 献

［1］梁凯膺．金融服务营销［M］．北京：北京理工大学出版社，2020.
［2］周晓明．金融服务营销［M］．北京：机械工业出版社，2020.
［3］韩宗英．金融服务营销项目教程［M］．北京：清华大学出版社，2017.
［4］韩宗英，王玮薇．金融服务营销［M］．北京：化学工业出版社，2012.
［5］王永贵．服务营销［M］．北京：清华大学出版社，2019.
［6］徐海洁．金融服务营销［M］．北京：中国金融出版社，2013.
［7］朱莉妍．金融服务营销实战［M］．杭州：浙江大学出版社，2023.
［8］安贺新，张宏彦．金融服务营销［M］．北京：清华大学出版社，2017.
［9］王鉴．深度营销：解决方案式销售行动指南［M］．北京：机械工业出版社，2017.
［10］王惠凌，张霞，邓亚昊．金融服务营销实务［M］．北京：北京理工大学出版社，2018.
［11］杨米沙．金融营销［M］．北京：中国人民大学出版社，2022.
［12］牛淑珍，王峥，于洁．金融营销学：原理与实践［M］．北京：复旦大学出版社，2021.
［13］陆剑清．金融营销学［M］．北京：清华大学出版社，2021.
［14］叶伟春．金融营销［M］．北京：首都经济贸易大学出版社，2019.
［15］张晨琰．金融营销基础［M］．北京：经济管理出版社，2018.

高职高专金融类系列教材

一、高职高专金融类系列教材

货币金融学概论	周建松		主编	25.00 元	2006.12 出版
货币金融学概论习题与案例集	周建松 郭福春等		编著	25.00 元	2008.05 出版
金融法概论（第二版）	朱 明		主编	25.00 元	2012.04 出版
（普通高等教育"十一五"国家级规划教材）					
商业银行客户经理	伏琳娜 满玉华		主编	36.00 元	2010.08 出版
商业银行客户经理	刘旭东		主编	21.50 元	2006.08 出版
商业银行综合柜台业务（第四版）	董瑞丽		主编	47.00 元	2021.07 出版
（国家精品课程教材·2006）					
商业银行综合业务技能	董瑞丽		主编	30.50 元	2008.01 出版
商业银行中间业务	张传良 倪信琦		主编	22.00 元	2006.08 出版
商业银行授信业务	王艳君 郭瑞云 于千程		编著	45.00 元	2012.10 出版
商业银行授信业务（第三版）	邱俊如 金广荣		主编	40.00 元	2020.09 出版
（"十四五"职业教育国家规划教材）					
商业银行业务与经营	王红梅 吴军梅		主编	34.00 元	2007.05 出版
金融服务营销	朱莉妍		主编	39.00 元	2024.09 出版
金融服务营销	徐海洁		编著	34.00 元	2013.06 出版
商业银行基层网点经营管理	赵振华		主编	32.00 元	2009.08 出版
银行柜台实用英语（第二版）	汪卫芳		主编	29.00 元	2017.08 出版
银行卡业务	孙 颖 郭福春		编著	36.50 元	2008.08 出版
银行产品	赵振华		主编	39.00 元	2023.06 出版
银行产品	彭陆军		主编	25.00 元	2010.01 出版
银行产品	杨荣华 李晓红		主编	29.00 元	2012.12 出版
反假货币技术	方秀丽 陈光荣 包可栋		主编	58.00 元	2008.12 出版
小额信贷实务（第二版）	凌海波 邱俊如		主编	39.00 元	2020.11 出版
商业银行审计	刘 琳 张金城		主编	31.50 元	2007.03 出版
金融企业会计	唐宴春		主编	25.50 元	2006.08 出版
（普通高等教育"十一五"国家级规划教材）					
金融企业会计实训与实验	唐宴春		主编	24.00 元	2006.08 出版
（普通高等教育"十一五"国家级规划教材辅助教材）					
新编国际金融	徐杰芳		主编	39.00 元	2011.08 出版
国际金融概论	方 洁 刘 燕		主编	21.50 元	2006.08 出版
（普通高等教育"十一五"国家级规划教材）					
国际金融实务	赵海荣 梁 涛		主编	30.00 元	2012.07 出版
国际金融实务（第三版）	李 敏		主编	39.80 元	2019.09 出版
风险管理	刘金波		主编	30.00 元	2010.08 出版

外汇交易实务	郭也群		主编	25.00 元	2008.07 出版
外汇交易实务	樊祎斌		主编	23.00 元	2009.01 出版
证券投资实务	徐 辉		主编	29.50 元	2012.08 出版
国际融资实务	崔 荫		主编	28.00 元	2006.08 出版
理财学（第三版）	徐慧玲	边智群	主编	56.00 元	2022.01 出版

（"十二五"职业教育国家规划教材/普通高等教育"十一五"国家级规划教材）

投资银行概论	董雪梅		主编	34.00 元	2010.06 出版
金融信托与租赁（第二版）	蔡鸣龙		主编	35.00 元	2013.03 出版
公司理财实务	钭志斌		主编	34.00 元	2012.01 出版
个人理财规划（第二版）	胡君晖		主编	33.00 元	2017.05 出版
证券投资实务	王 静		主编	45.00 元	2014.08 出版

（"十二五"职业教育国家规划教材/国家精品课程教材·2007）

金融应用文写作	李先智	贾晋文	主编	32.00 元	2007.02 出版
金融职业道德概论	王 琦		主编	25.00 元	2008.09 出版
金融职业礼仪	王 华		主编	21.50 元	2006.12 出版
金融职业服务礼仪	王 华		主编	24.00 元	2009.03 出版
金融职业形体礼仪	钱利安	王 华	主编	22.00 元	2009.03 出版
金融服务礼仪（第二版）	伏琳娜 安 畅 孟庆海		编著	43.00 元	2021.01 出版
合作金融概论	曾赛红	郭福春	主编	24.00 元	2007.05 出版
网络金融	杨国明	蔡 军	主编	26.00 元	2006.08 出版

（普通高等教育"十一五"国家级规划教材）

现代农村金融	郭延安	陶永诚	主编	23.00 元	2009.03 出版
农村金融基础	郑晓燕		主编	30.00 元	2021.09 出版
"三农"经济概论（第二版）	凌海波		编著	39.00 元	2024.01 出版
商业银行网点经营管理(第二版)	王德英		主编	39.00 元	2022.09 出版

二、高职高专会计类系列教材

管理会计	黄庆平		主编	28.00 元	2012.04 出版
商业银行会计实务	赵丽梅		编著	43.00 元	2012.02 出版
基础会计	田玉兰	郭晓红	主编	26.50 元	2007.04 出版
基础会计实训与练习	田玉兰	郭晓红	主编	17.50 元	2007.04 出版
新编基础会计及实训	周 峰	尹 莉	主编	33.00 元	2009.01 出版
财务会计（第二版）	尹 莉		主编	40.00 元	2009.09 出版
财务会计学习指导与实训	尹 莉		主编	24.00 元	2007.09 出版
高级财务会计	何海东		主编	30.00 元	2012.04 出版
成本会计	孔德兰		主编	25.00 元	2007.03 出版

（普通高等教育"十一五"国家级规划教材）

成本会计实训与练习	孔德兰		主编	19.50 元	2007.03 出版

（普通高等教育"十一五"国家级规划教材辅助教材）

管理会计	周 峰		主编	25.50 元	2007.03 出版
管理会计学习指导与训练	周 峰		主编	16.00 元	2007.03 出版
会计电算化	潘上永		主编	40.00 元	2007.09 出版

（普通高等教育"十一五"国家级规划教材）

会计电算化实训与实验　　　　潘上永　　　　　　主编　10.00元　2007.09出版
（普通高等教育"十一五"国家级规划教材辅助教材）

财政与税收（第三版）　　　　单惟婷　　　　　　主编　35.00元　2009.11出版

税收与纳税筹划　　　　　　　段迎春　于　洋　　主编　36.00元　2013.01出版

金融企业会计　　　　　　　　唐宴春　　　　　　主编　25.50元　2006.08出版
（普通高等教育"十一五"国家级规划教材）

金融企业会计实训与实验　　　唐宴春　　　　　　主编　24.00元　2006.08出版
（普通高等教育"十一五"国家级规划教材辅助教材）

会计综合模拟实训　　　　　　施海丽　　　　　　主编　46.00元　2012.07出版

会计分岗位实训　　　　　　　舒　岳　　　　　　主编　40.00元　2012.07出版

三、高职高专经济管理类系列教材

经济学基础（第四版）　　　　高同彪　　　　　　主编　40.00元　2020.08出版

管理学基础　　　　　　　　　曹秀娟　　　　　　主编　39.00元　2012.07出版

大学生就业能力实训教程　　　张国威　褚义兵等　编著　25.00元　2012.08出版

四、高职高专保险类系列教材

保险实务　　　　　　　　　　梁　涛　南沈卫　　主编　35.00元　2012.07出版

保险营销实务　　　　　　　　章金萍　李　兵　　主编　21.00元　2012.02出版

新编保险医学基础　　　　　　任森林　　　　　　主编　30.00元　2012.02出版

人身保险实务（第二版）　　　黄　素　　　　　　主编　45.00元　2019.01出版

国际货物运输保险实务　　　　王锦霞　　　　　　主编　29.00元　2012.11出版

保险学基础　　　　　　　　　何惠珍　　　　　　主编　23.00元　2006.12出版

财产保险　　　　　　　　　　曹晓兰　　　　　　主编　33.50元　2007.03出版
（普通高等教育"十一五"国家级规划教材）

人身保险　　　　　　　　　　池小萍　郑祎华　　主编　31.50元　2006.12出版

人身保险实务　　　　　　　　朱　佳　　　　　　主编　22.00元　2008.11出版

保险营销　　　　　　　　　　章金萍　　　　　　主编　25.50元　2006.12出版

保险营销　　　　　　　　　　李　兵　　　　　　主编　31.00元　2010.01出版

保险医学基础　　　　　　　　吴艾竞　　　　　　主编　28.00元　2009.08出版

保险中介　　　　　　　　　　何惠珍　　　　　　主编　40.00元　2009.10出版

非水险实务　　　　　　　　　沈洁颖　　　　　　主编　43.00元　2008.12出版

海上保险实务　　　　　　　　冯芳怡　　　　　　主编　22.00元　2009.04出版

汽车保险　　　　　　　　　　费　洁　　　　　　主编　32.00元　2009.04出版

保险法案例教程　　　　　　　冯芳怡　　　　　　主编　31.00元　2009.09出版

保险客户服务与管理　　　　　韩　雪　　　　　　主编　29.00元　2009.08出版

风险管理　　　　　　　　　　毛　通　　　　　　主编　31.00元　2010.07出版

保险职业道德修养　　　　　　邢运凯　　　　　　主编　21.00元　2008.12出版

医疗保险理论与实务　　　　　曹晓兰　　　　　　主编　43.00元　2009.01出版

五、高职高专国际商务类系列教材

国际贸易概论　　　　　　　　易海峰　　　　　　主编　36.00元　2012.04出版

国际商务文化与礼仪　　　　　蒋景东　刘晓枫　　主编　23.00元　2012.01出版

国际结算	靳 生	主编	31.00 元	2007.09 出版
国际结算实验教程	靳 生	主编	23.50 元	2007.09 出版
国际结算（第二版）	贺 瑛 漆腊应	主编	19.00 元	2006.01 出版
国际结算（第三版）	苏宗祥 徐 捷	编著	23.00 元	2010.01 出版
国际结算操作	刘晶红	主编	25.00 元	2012.07 出版
国际贸易与金融函电	张海燕	主编	20.00 元	2008.11 出版
国际市场营销实务	王 婧	主编	28.00 元	2012.06 出版
报检实务	韩 斌	主编	28.00 元	2012.12 出版
国际航空货运代理实务(第二版)	戴小红	主编	43.00 元	2020.01 出版

如有任何意见或建议，欢迎致函编辑部：*jiaocaiyibu@126.com*。